나는 왜 ── 생각을
멈출 수 없을까?

나는 왜 ——— 생각을
멈출 수 없을까?

걱정, 두려움, 불안에 갇힌 나를 곧장 구해내는 법

CAN'T STOP THINKING

낸시 콜리어 지음 | 정지현 옮김

ⓗ 현암사

나는 왜 생각을
멈출 수 없을까?

초판 1쇄 발행 2022년 7월 14일

지은이   낸시 콜리어
옮긴이   정지현
펴낸이   조미현

책임편집 박승기
디자인   한미나

펴낸곳   (주)현암사
등록   1951년 12월 24일 · 제10-126호
주소   04029 서울시 마포구 동교로12안길 35
전화   02-365-5051
팩스   02-313-2729
전자우편 editor@hyeonamsa.com
홈페이지 www.hyeonamsa.com

ISBN 978-89-323-2229-2 03180

두 딸 줄리엣과
그레천에게 바칩니다

차례

추천사 l 9 l

들어가는 말: 생각에 중독되다   l 13 l

1장
알아차림: 생각과의 관계 바꾸기
(34)

1부 고통의 종류

2장
"나를 가장 아프게 하는 생각이 멈추질 않아"
(57)
생각의 고리와 반추

3장
"나는 왜 이 모양일까?"
(76)
자기비판과 부정

4장
"다른 사람들이 문제야!"
(97)
불만, 분노, 원망

5장
"일이 잘못되면 어쩌지?"
(118)
두려움, 걱정, 파국적인 생각

2부 안도감을 얻는 도구

6장
접착제처럼 끈질긴 생각 떼어버리기   139

7장
나는 생각보다 큰 존재다   163

8장
놓치고 있는 삶으로 돌아와라   184

3부 내면의 자유를 살아라

9장
알지 못하는 것도 지혜다   207

10장
생각하는 자아를 넘어서   225

11장
좋은 인생, 마지막 생각   238

감사의 말 | 251 |

주 | 253 |

추천사

스테판 보디언 Stephan Bodian

심리치료사,
스쿨 포 어웨이크닝 School for Awakening 설립자이자 소장,
『초보자를 위한 명상 Meditation for Dummies』,
『지금 깨어나라 Wake Up Now』,
『마음챙김을 지나 Beyond Mindfulness』의 저자.

생각이 나를 미치게 하고 있다는 사실을 깨달은 그날이 아직도 생생하다. 대학 시절 학자의 길을 꿈꾸었던 나는 인류의 모든 문제를 해결할 수 있는 복잡한 사고의 영역을 만드는 마음의 가치를 믿었다. 하지만 사생활에서는 도무지 생각을 통제할 수 없었고, 불안감이 너무 커서 먹거나 자는 것조차 힘들 정도로 새로운 관계에 집착하는 자신을 발견했다. 그 사람이 그런 게 맞을까, 아닐까? 그 사람이 그럴까, 안 그럴까? 마음이 마구 쏟아내는 의심과 부정적인 시나리오가 삶의 모든 즐거움을 앗아 갔다.

그래서 동양의 영적인 전통을 공부하기 시작한 대학교 1학년 때부터 몇 년 동안 고민해왔던 일을 마침내 실행에 옮기기로 했다. 지하철을 타고 시내의 선禪 명상 센터로 가서 명상 연습을 시작한 것이다. 앞으로 영적인 삶에 평생 헌신할 것이고 고통에서 벗어나 행복하고 평화롭고 깨어 있는 삶을 사는 방법을 찾으리라고 믿어 의심치 않았다.

나는 선 명상을 성실하게 수행했다. 호흡에 집중하고 생각을 관찰하면서 나를 괴롭히던 강박적인 반추로부터 조금씩 거리를 두기까지는 몇 년이 걸렸다. 당시에는 지름길이 없었다. 마음의 본질에 관해 설명해주는 안내서 같은 것도 쉽게 구할 수 없었고 "잘 들어. 넌 네 생각이 아니야."라고 말해주는 사람도 없었다. 한마디로 그때는 이런 책이 없었다. 이 책에는 저자가 직접 경험하고 사람들을 가르치고 수십 년간 내담자들을 만나 마음 상담을 해주면서 얻은 지혜가 담겨 있다. 수년간 명상을 수련하지 않아도 자신과 생각을 동일시하지 않고 현재에서 평화와 만족을 찾도록 해주는 간결한 안내서다.

저자의 말처럼 우리는 생각에 중독되어 있다. 마음이 만들어내는 끝없는 이야기를 일일이 들여다보지 않으면 삶을 즐길 수 없다고 믿는다. 마음이 만든 복잡한 이야기가 진정한 나라고 믿기에 그 이야기가 없는 삶을 두려워한다. 자신이 느끼는 엄청난 고통은 자아의 바깥에서 일어나는 일, 타인이 나에게 하는 행동, 삶이 강요하는 일이 필연적으로 일으키는 결과라고 믿는다. 자신의 규제 권한 안에서 일어나는 선택 사항이라고 보지 않는 것이다. 실수에 대해 속죄하고 가족의 고통을 대신 짊어지고 교훈을 얻어야 한다는 믿음으로 고통에 충성하기까지 한다.

저자는 새로운 방향으로 급진적인 걸음을 내디뎌서 중독을 끊고 충성을 거두라고 말한다. 통제할 수 없는 상황을 탓하는 대신 주의를 자신에게로 돌려 괴로움의 원인이 우리 안에 있다는 사실을 깨달으라고 한다. 판단, 끝없는 반추, 해석의 투영이 고통을 만든다. 인생은 항상 즐거울 수 없고 고통이 없을 수도 없지만, 어떻게 반응할지 선택할 수는 있다. 내가 나의 생각이 아니라는 사실을 인식하는 것이야말로 가장 큰 해방감을 안겨주는 급진적인 발걸음이다. 나는 생각 그 자체가 아니라, 생각이 떠올랐다가 사라지는 의식일 뿐이다.

이 깨달음은 영적 전통에서 '계몽enlightenment'이라고 부르는 각성에 이르는 첫걸음이다. 나는 지난 40년 동안 각성의 여정을 떠나는 사람들을 인도해왔다. 이 첫걸음은 항상 가장 강력하며 삶을 완전히 바꿔놓는다. 나는 나의 생각이 아니다. 이 얼마나 비범한 통찰인가! 이 사실을 알게 되면 삶의 굴곡에도 절대 흔들리지 않는 평화와 행복, 충만감을 약속하는 완전히 새로운 존재 방식으로 이어지는 문을 연 것이다. 이 책이 당신의 손을 잡고 그 문 너머로 인도하리라 믿는다.

생각에 중독되다

화창한 봄날 아침, 나는 집 근처 공원을 산책하고 있었다. 아니, 정확히 말하자면 산책이 아니었다. 물론 걷고 있었던 건 맞지만 공원을 걷는 건 아니었다. 막 피어나는 아름다운 꽃들과 따뜻한 햇살, 풀을 깎고 난 이후의 냄새 같은 것을 전혀 알아차리지 못했으니까. 나는 그런 것들을 전부 놓쳐버린 채로 머릿속의 감옥, 즉 생각 속으로 사라져버렸다. 5월의 그날은 분명히 무척 행복하고 좋은 날이었을 텐데, 나는 그걸 전혀 느끼지 못하고 있었다. 마음속에 갇힌 채 나를 괴롭히는 것들에 관한 생각에 몰두하는 중이었다. 수년 동안 반복해온 똑같은 문제들을 되짚어보고 또다시 생각했다. 생각의 토끼 굴에 빠졌던 것이다.

그런데 놀라운 일이 일어났다. 내 안의 렌즈가 중심축에서 회전하더니 방향을 바꾼 것이다. 나는 생각에 들어가 있지 않고 생각을 보고 듣는 사람이 되었다. 이제 나는 생각들이 말을 거는 대상이었다. 내가 주의를 쏟고자 선택한 것을 가장 선명한 색깔로 볼 수 있었다. 나의 관심이 해로운 생각의 내용물에 착 달라붙어 불만을 키우는 것이 보였다. 생각이 서서히 퍼져나가는 것이 보였고, 그런 생각들로 다가가는 나 자신의 성향에 당혹감과 공포를 느꼈다. 생각을 내가 자신에게 가하는 행동으로 인식하게 되었다.

그 순간, 다른 누구도 아닌 내가 똑같이 불만족스러운 이야기를 반복 재생하고, 똑같이 원망스러운 대화를 머릿속에서 풀어내며 매번 똑같이 고통이라는 결과를 초래하는 것이 보였다. 마침내 생각의 목소리가 똑똑히 들렸고 그것이 얼마나 기분을 나쁘게 하는지도 알아차렸다. 부정적인 생각을 있는 그대로 관찰할 수 있었다. 그것은 내가 나에게 주입하는 독약이었다. 그러자 깨달음의 순간이 찾아왔다. 이런 생각이 들었다. 지금까지와 완전히 다른 방법으로 살아가는 것도 가능하구나. 어디로 주의를 쏟는지를 바꾸면 고통의 근원에서 벗어날 수 있겠구나.

내 경험을 만드는 창조주는 나이므로 그걸 바꿀 힘도 나에게 있었다. 머리로만이 아니라 몸속 깊은 곳에서 깨달음이 느껴졌다. 내가 생각과 관계 맺는 방식을 바꿀 의지만 있다면, 근본적으로 다른 삶을 스스로 창조할 수 있다고.

아무리 생각을 많이 하고 아무리 탁월한 생각을 떠올리며 문제를 곱씹어봤자 해결할 수 없다는 것도 분명해졌다. 생각하는 마음이 드디어 적수를 만났다. 문제는 더 깊이 생각한다고 절대로 해결되지 않는다. 그것이 무엇이든 내가 원하는 것이 이루어지려면 생각을 많이 한다고 되는 게 아니었다. 생각이 나의 바람과 달리 행복이나 평화를 가져다주지 못한다는 사실을 알게 된 것이다.

그 깨달음의 순간이 찾아오기 전까지 나는 평생에 걸쳐 나 자신과 다른 모든 이들의 경험을 분석하여 단 한 명의 관객에게 설명하고 이해시키려고 애썼다. 그 단 한 명의 관객은 바로 나였다. 신경 쓰이는 문제를 곱씹고 어떻게 고쳐야 할지 집착적으로 생각하고 내 경험을 계속 나에게 설명했다. 왜 어떤 일이 나에게 일어나고 어떻게 하면 바꿀 수 있는지 오랫동안 머릿속에 정교한 서사를 만들고 난 뒤에야 깨달음이 찾아왔다. 내가 왜 옳은지, 내 경험이 왜 옳은지를 정당화하고 옹호하는 데 너무 많은 시간을 버린 후에 명확히 알게 되었다. 이 모든 것을 내 마음의 법정에서 변호해온 이후에 말이다.

나의 깨달음은 머릿속의 현실과 싸우고 그것을 통제하려고 애쓰느라 깨닫기 전까지의 삶을 다 보낸 후에 일어났다.

그날 공원에서 나는 삶을 바라보는 새로운 렌즈를 발견했고 새로운 정체성도 함께 찾았다. 전에는 생각 말고 다른 방법으로 삶을 경험하는 방법을 알지 못했다. 그때는 목격자가 없었다. 생각하는 사람인 나 말고 다른 내가 없었다. 나는 머릿속에서 떠오르는 생각들로 허물어져서 생각과 하나가 된 상태였다.

대부분의 사람처럼 나도 생각을 통해 행복과 마음의 평화를 얻을 수 있다고 믿었다. 생각을 더 많이, 더 잘하는 것이 삶이 제시하는 모든 어려움에 대한 해결책이라고. 내가 더 열심히 노력한다면, 체조로 근육을 단련하듯 생각으로 머릿속을 열심히 단련하면 내 문제가 뭔지 알아낼 수 있다고 믿었다. 일단 알아내면 고칠 수도 있을 거라고.

정상이지만 괜찮지 않아

나는 25년 이상 심리치료사로서 사람들이 해주는 인생 이야기를 들었다. 사람들은 온갖 종류의 문제와 상황, 과거, 성격을 안고 나를 찾아온다. 사람마다 문제나 상황이 다른 형태와 강도로 나타날 수 있지만, 모든 문제의 핵심에는 단 하나의 보편적인 문제가 자리한다. 우리의 스트레스와 걱정, 만성적인 불만은 단 한 가지 때문에 생긴다. 바로 우리가 생각과 관계를 맺는 방식이다. 우리를 괴롭게 만드는 생각과의 관계 말이다.

제인의 결혼 생활은 불행하다. 그녀는 밤낮으로(나와의 상담 시간에도) 남편의 문제가 무엇이고 왜 그렇게 정이 가지 않는지 생각한다. 그녀는 자신이 느끼는 분노의 이유, 그 감정이 정당하다고 느끼는 이유를 설명하는 데 집착한다. 자신은 물론이고 들어주기만 하면 누구에게나 설명한다. 분노를 곱씹지 않을 때는 자기 잘못에 집착한다. 결혼 생활이 불행한 것, 페미니스트처럼 단호하게 이혼을 선택하지 못하는 것에 대해 자신을 비난한다. 제인은 끝없이 반복되는 부정적인 생각의 고리에 갇혔다. 겉보기에 그녀는 행복하게 잘 사는 보통 사람 같다. 직장에 출근하고 가족을 돌보고 몸도 건강해 보인다. 심지어 기쁘고 즐거울 때도 있다. 하지만 속으로는 불안과 초조함이 심하고 매번 생각에게 인질로 붙잡힌다.

앨리슨은 출산 휴가를 끝내고 직장에 복귀했다. 그녀는 아들과 떨어져 있는 시간이면 아기에게 일어날지 모르는 온갖 끔찍한 일에 대해 생각한다. 테러 공격, 영아 돌연사, 과자로 인한 질식. 낮에 그런 생각에 빠져 있다가 공황 상태가 되면 나에게 전화를 건다. 머릿속으로 온갖 죽음의 시나리오를 만들어내지 않을 때는 끔찍한 일이 일어나면 충격이 커서 절대로 살아가지 못할 것이라는 생각으로 옮겨 간다. 상상의 공포에 관한 관심을 가까스로 끊으면 아들 옆에 있어주지 못하는 자신이 너무 나쁘다는 생각으로 기운다. 자신이 전업주부가 되어 집에서 아이를 돌볼 수 있도록 돈을 많이 벌어다 주지 못하는 남편에게 화가 치밀면서 분노 가득한 생각들이 끝없이 솟아난다. 그녀는 자신을 괴롭히고 겁나게 하는 것들에 대해 과도하게, 강박적으로 생각한다.

마지막으로 켄이 있다. 켄은 그가 몸담은 회사의 회장으로 승진하리라고 믿었다. 그런데 뜻밖에도 해고되었고 1년 가까이 실직 상태로 지내고 있었다. 켄은 자신이 무엇을 잘못해서 해고당했는지에 대해 끊임없이 생각했다(책상에 올려놓은 사진이 잘못이었을지도 모른다는 생각까지 했다). 그는 매주 나에게 자신이 해고된 이유가 무엇일지 묻는다. 일과 관련된 실수를 곱씹지 않을 때는 삶에서 저지른 실패에 대해 생각한다. 특히 자신이 중요한 사람이 될 수 있다고 여긴 것이 얼마나 우스꽝스러운 착각이었는지 생각한다. 많은 사람이 그렇듯, 켄은 하루도 빠짐없이 자신이 가지지 못한 것을 떠올린다.

위는 예는 과잉 사고라고도 하는 과도한 생각의 극단적인 사례처럼 보일지 모르지만, 일상을 살아가는 사람들의 평범한 모습이기도 하다. 우리는 과도하게, 끈질기게 생각한다.

유니콘이나 무지개에 관한 생각이 아니다. 최악의 기분을 느끼게 만드는 것들에 대해서 생각한다. 상처 주는 생각을 하고 고통으로 아파한다. 생각을 멈추고 싶은데도 생각을 멈출 수 없는가? 당신만 그런 게 아니다.

생각도 다른 중독과 똑같다

너무도 자연스럽고 생산적이며 중요한 생각 행위를 위험하고 파괴적이며 통제할 수 없는 중독과 비교하다니, 터무니없고 무례하고 불합리하게 들릴지도 모른다. 한 친구는 이 책의 주제를 듣더니 이렇게 말했다. "생각하는 것은 마약이나 음주와는 달라. 인간은 생각하는 존재야. 그게 우리가 하는 일이라고!" 생각은 의심할 여지 없이 유용하며 꼭 필요하고 창의적이고 기적적이다. 그것은 인간을 다른 종과 구별 지어준다. 생각하는 능력은 좋은 것이다. 생각은 발명, 상상, 문제 해결, 조직화의 원천이다. 식료품 쇼핑 목록을 작성하는 것은 말할 것도 없고. 생각을 아예 포기하라고 제안하는 것이 아니다. 우리는 그러고 싶어도 그럴 수가 없다. 이것은 생각에 반대하는 책도 아니고 전두엽이 절제된 것처럼 사는 방법을 알려주는 책도 아니다. 나는 오히려 지금 이 단어들을 쓰면서 생각하고 있다는 것이 기쁘다.

생각 그 자체, 마음의 타고난 능력은 우리를 고통스럽게 하지 않는다. 생각 자체는 본질적으로 문제 되지 않는다. 문제가 되는 것은 생각에 대해 꼭 생각해야 한다는 믿음이다. 우리를 고통스럽게 하는 것은 생각이 곧 나라는 믿음이다. 이것이 생각으로부터 벗어나 마음에서, 삶에서 자유를 찾기 어렵게 만드는 진짜 걸림돌이다.

생각에 중독되었는가?

생각에 중독되었냐고 가볍게 물어보면 대부분 그렇다고 대답할 것이다. 하지만 똑같은 사람들에게 생각도 중독이냐고 물으면 주저하고 멈칫하면서 부정할 것이다. 이 질문의 답은 너무 깊이 생각하지 않고 직감으로 대답할 때와 마음에 질문을 던질 때 크게 달라진다. 그도 그럴 것이 마음의 일은 생각을 만드는 것이니까!

그만하고 싶은데도 완전히 멈추기가 어려운 생각이 있는가? 생각이 당신의 주의와 기분을 조종한다고 느끼는가? 당신은 아마도 생각에 중독되어 있을 것이다. 이것은 당신이 정상이라는 뜻이다. 물론 우리는 지극히 자연스럽고 이로운 것에 중독될 수 있고 자신이 즐기고 이익을 얻는 활동에도 중독될 수 있으며 없이 살 수 없는 것에 중독될 수도 있다. 생각 중독이 일자리를 잃고 재활 시설로 보내지는 일까지 이어지지는 않겠지만, 그와 비슷하게 불필요하고 파괴적이고 고통스러운 결과를 가져온다.

우선, 미국 정신의학협회American Psychiatric Association의 최신 『DSM-5 정신질환의 진단 및 통계 편람』—심리학의 경전이라 할 만한—에서 말하는 중독이 무엇인지 살펴보고 생각중독에 대입해보겠다. 자신에게 다음의 질문을 한번 해보자.

- 생각이 이따금 나의 전반적인 행복에 부정적인 영향을 미치는가?
- 생각이 나의 인간관계에 문제를 일으킨 적이 있는가?
- 생각 때문에 일이나 가정에서의 책임을 소홀히 하는가?
- 생각을 하고 있지 않았다는 사실을 문득 알아차리는 순간 두려움이나 불안, 갑작스러운 과도한 생각을 경험하는가?
- 생각을 점점 더 많이, 오랫동안 하는 자신을 발견하는가?
- 생각을 줄이려고 노력하는데도 불가능한가?
- 생각하는 데 많은 시간을 쓰는가?
- 생각이 신체적 또는 심리적인 건강 이상, 불안, 우울증으로 이어졌는가?
- 더 많은 생각을 하기 위해 한때 즐겼던 활동을 줄이거나 중단한 적이 있는가?
- 생각을 고대하거나 갈망한 적이 있는가?[1]

보통 사람들은 이 중에서 6~7개에 '그렇다'고 대답한다. 내가 만나본 사람들은 단 한 명도 예외 없이, 생각이 어떤 식으로든 그들의 삶에 문제를 일으키고 전반적인 행복을 방해한다고 말했다.

너무 많은 생각 때문이건 생각의 내용 때문이건 지나친 생각은 우리의 인간관계, 일, 건강, 삶의 질, 전반적인 행복에 문제를 일으킨다. 생각은 다른 중독과 똑같다. 우리가 중독으로 여기지 않는다는 사실을 제외하고 말이다. 게다가 술이나 약물, 폭식은 중간에 쉴 때라도 있지만 생각은 잠시도 쉬지 않고 계속된다. 우리는 요람에서 무덤까지 쉬지 않고 생각에 몰두한다.

놀랍게도 우리는 생각의 결과로 얼마나 많은 고통을 받든 간에, 생각이 괴로운 문제에 대한 해결책을 제공해줄 것이라는 한결같은 믿음으로 생각을 계속한다. 대부분의 생각이 생산적이지 않고 오히려 불안과 스트레스, 불행만 키운다는 반박할 수 없는 증거가 있는데도 기존의 방식을 고수한다. 이번에는 다른 결과가 나오리라는 믿음과 기대로 자신에게 해로운 일을 계속한다. 똑같은 일을 계속하면서 똑같은 결과를 얻고 만다.

꺼짐 버튼은 어디에?

'꺼짐 버튼이 없다.' 사람들이 생각과의 중독적인 관계를 묘사할 때 자주 사용하는 표현이다. 일단 어떤 문제나 상황에 대해 생각하기 시작하면 벗어날 수 없는 것이다. 우리는 들어가고 싶지 않은데도, 생각 자체가 우리를 불행하게 만든다는 사실을 알면서도 생각의 토끼굴로 내려간다. 제인은 한탄한다. "생각하면서 나 자신에게 물어요. 왜 아직도 이런 생각을 하고 있지? 그만하고 싶어. 왜 멈춰지지 않지? 그러면서도 생각을 계속하는 거예요."

부정적인 생각의 고리에서 주의를 거두는 것은 놀라울 정도로 어려운 일이다. 우리는 생각을 포기한다는 것 자체에 신체적, 정신적, 감정적으로 강력한 거부감을 느낀다. 아무리 많은 고통을 주고 하기 싫은 생각이라도 그렇다. 우리는 자신 그리고 생각과 동시에 전쟁을 치른다. 강박관념은 끔찍하지만, 감히 생각에서 관심을 거두면 끔찍한 생각 자체보다도 더 나쁘게 느껴지는 격렬한 반발심이 생겨난다. 이상하지만, 우리가 부정적인 생각을 즐기거나 그런 생각에서 힘이나 이익을 얻는 것처럼 보인다. 우리는 부정적인 생각에 대한 애착이 강해서 절대로 놓아주려 하지 않는다.

보통 우리는 당장 관심을 쏟아야만 하는 무언가로 관심을 돌리지 않으면 안 될 때까지 생각을 계속한다. 아이가 울거나 잠이나 자가 처방(안타깝게도 요즘 많은 사람들이 선택하는 해결책이다)을 통해 의식을 잃기 전까지 말이다. 머릿속의 불협화음을 멈추기 위해 생각과 자기 자신을 미취해야 한다. 우리는 생각이라는 강력한 물질에 대한 중독을 완화하려고 유형의 물질을 사용한다.

하지만 '중독'이라는 단어가 오용되거나 오해되고 너무도 쉽게 사용된다는 것도 분명한 사실이다. 뭔가를 지나칠 정도로 한다거나 심지어 지나치게 즐긴다고 생각되는 행동을 중독이라고 부르는 게 일종의 유행처럼 되어버렸다. "난 곰 젤리 중독이야." "넷플릭스 중독이야." "스피닝 클래스 중독이야." 하지만 진짜 중독은 가볍거나 즐거운 것과 절대적으로 거리가 멀다. 나는 중독의 현실을 깊이 고려하지 않고는 중독이라는 비유를 사용하지 않는다. 실제로 생각은 우리를 파괴의 길로 이끌 수 있다. 홀로 마음의 감옥에서 살아가게 되며 눈에 보이거나 분명한 결과가 없어서 도움도 구하지 않게 된다.

누가 대장인가?

이 사실을 기억해야 한다. 생각이 언제 일어나고 어떤 내용을 담고 있는지는 우리가 통제할 수 없다. 마음은 심장이 혈액을 펌프질하거나 췌장이 인슐린을 생성하는 것처럼 생각을 만든다.

그것은 마음이 하는 일이고 마음의 책임이다. 생각은 의식의 구석진 곳에서 신비로운 방식으로 만들어지고 난데없이 나타나는 것처럼 보인다. 생각은 등장할 때 우리의 허락을 구하지 않는다. 허락받지 않은 침입자들이 의식 속에 끊임없이 무작위로 나타나는 것만 해도 충분히 힘든 상황이다. 하지만 초대받지 않은 침입자에게 개입하고 일일이 다 이해하지 않으면 안 된다는 믿음이 상황을 더 복잡하게 만든다. 그냥 침입자가 무작위로 등장하는 것보다 훨씬 더 힘들어진다. 결국 우리는 주의를 어디로 향할지 스스로 결정하는 힘을 잃고 무력해진다. 우리가 선택하지 않은 생각에 의해 주의가 향하는 곳이 좌우되는 한, 우리는 삶의 주인이 아니라 손님이다. 스스로 주의의 방향을 통제할 수 없으면 생각이라는 기차에 갇히고 삶이 통제를 벗어나 버린다.

생각의 재미

최근 한 중독자에게 그가 중독된 약물을 포기한다고 상상할 때 가장 두려운 것이 무엇인지 물었다. 그가 중독된 것은 알코올이었다. 그는 조금의 망설임도 없이, 술을 마시지 않으면 다시는 재미를 느끼지 못할 것이고 섹스도 하지 않을 것이며 친구들과 놀러 나가지도 않고 인생을 즐기지 못할 것이라고 말했다. 인생이 몹시 평범하고 전혀 즐겁지 않을 거라고. 그가 보기에 탐닉은 흥분되고 신나는 인생의 열쇠였다. 생각을 덜 하는 삶도 공허하거나 지루하다고 인식된다. 한 내담자는 "삶의 묘미가 없는 단조롭고 따분하고 공허한 삶"이라고 표현했다. 또 다른 내담자는 "생각을 하지 않으면 왜 살죠?"라고 되물었다. 생각 중독의 관점에서 본다면, 머릿속 이야기와 생각이 가져다주는 온갖 흥미로운 부산물 없이 삶이 흥미로워질 수 있다는 것은 상상조차 할 수 없는 일이다.

사람들에게 보편적으로 나타나는 생각 중독에 관한 책을 쓴다고 말하면 분노 섞인 반응이 돌아오기 일쑤였다. "말도 안 돼. 생각하지 않으면 아무 일도 못 끝내잖아?" "생각하지 않으면 그 어떤 일도 불가능해!" 어떤 친구는 이렇게 응수했다. "그럼 평생 벽을 쳐다보면서 주문이나 읊조려야 한다는 거야? 그렇지 않아도 짧은 인생인데 난 제대로 살다 가고 싶어!" 사람들의 반응을 보면, 지속적으로 생각하지 않으면 우리는 식물인간 상태나 마찬가지이므로 행동이나 그 무엇도 할 수 없을 것 같다. 생각하지 않으면 삶 자체가 불가능할 것만 같다.

나는 생각 중독이라는 주제를 탐구하면서 생각의 진실성을 의심하고 자신과 동일시하지 않는 것이 얼마나 도발적이고 이 사회에서 환영받지 못하는 일인지 알게 되었다. 생각을 우리의 존재가 아닌 우리가 하는 행동으로 여기는 것은 매우 위협적인 듯 보인다. 생각하지 않는 것은 일종의 죽음을 암시한다. 생각에는 매우 복잡한 의미가 들어 있어서 우리는 생각과의 관계를 맹렬히 보호한다. 이를 위해서 심지어 생각이 해롭다는 증거가 있어도, 생각에 대한 사랑을 절대 포기하면 안 되고 절대 포기하지도 않을 것이라는 굳건한 믿음을 이용한다.

하지만 생각과의 관계가 이런 것은 우리 잘못이 아니다. 우리는 어려서부터 배운 방식대로 생각과 관계를 맺는다. 생각이 완전한 관심을 기울여야 하는 매우 중요한 지혜라고 학습된 것이다. 생각에 모든 답이 들어 있기라도 한 것처럼 생각 발치에 무릎을 꿇는다.

중독에서의 회복

시중에는 왜 그렇게 생각에 관한 책이 많을까? 부정적인 생각, 지나친 생각, 폭식하듯 한꺼번에 몰아서 하는 생각 등 스트레스와 불행을 일으키고 무력감을 느끼게 하는 온갖 생각을 다루는 책들이 있다. 생각 중독에 대한 이론과 해결책이 왜 계속 나오는 걸까? 생각 행위가 지금도 여전히 전염병적인 문제인 이유는 무엇일까?

우리는 나쁜 생각을 좋은 생각으로 바꾸고 감사 목록을 작성하고 긍정적인 확언과 자기암시를 반복하기만 하면 행복해지리라고 믿는다. 마음을 감당하기가 벅찬 것이 자기 잘못이라고 생각한다. 뭔가 올바른 일을 하지 않거나 제대로 하지 않아서라고. 하지만 사실은 우리 잘못이 아니다. 자기계발서들이 조언하는 전략으로는 생각 중독에서 회복될 수 없다. 꼭 마음에 드는 생각을 해야만 자유로워지는 것은 아니다. 자기계발서들이 해결하려는 문제 자체가 잘못되었다.

과도한 생각에서 벗어나려면 생각을 멈추거나 생각하지 않는 사람의 경지에 도달해야 하는 것이 아니다. 생각의 내용을 부정적인 것에서 긍정적인 것으로 바꿔야 하는 것도 아니다. 도움은 되겠지만 해결책은 아니다. 회복은 우리가 생각과 상호작용하는 방식, 생각에 부여하는 가치, 생각에 쏟는 믿음, 생각에 대한 애착을 바꿀 때 일어난다. 생각의 내용이나 메시지 자체는 전혀 중요하지 않다. 생각이나 생각의 내용과 자신을 동일시하지 않고 생각이 말을 거는 사람(대상)과 동일시함으로써 생각과의 관계가 바뀔 때, 중독에서 회복될 수 있다. 이것이 우리가 앞으로 배울 내용이다.

이 책은 의식 속에 떠오르는 생각을 바라보는 안전한 해안, 내면의 안식처를 만드는 데 도움을 주기 위해 세상에 나왔다. 새로운 인식으로 생각과 좀 더 의식적이고 의도적인 관계를 맺어나갈 수 있기를 바란다. 그러면 머릿속의 고장 난 컴퓨터가 언제 무슨 말을 내뱉든 상관없이 만족할 수 있다. 이 책을 통해 마음의 제단에서 생각을 숭배하는 것을 그만두고 모든 강박적인 생각에서 벗어나 생각을 그저 그때그때 일어나는 자연스러운 일로 받아들이는 방법을 알려주고자 한다. 생각에서의 완전한 자유가 아니라 생각과 공존하는 자유를 찾도록 도와주는 것이 나의 목표다. 생각은 사라지지 않는다. 절대로. (사라져서도 안 되고.) 내 목적은 생각이 들끓는 순간에도 자유롭고 자율적인 상태를 유지하는 방법을 설명하는 것이다. 무엇보다도 마음과 생각 아래 항상 자리하는 행복과 평화로 여러분을 이끌어주고자 한다.

생각 중독에서 벗어나려면 마음이 동의 없이 만들어내는 끝없는 생각에 대한 집착에서 벗어나야 한다. 그러려면 과도한 생각이 실제로 자신에게 끼치는 영향을 알아보려는 의지가 필요하다. 실제로 생각이 당신에게 고통을 주고 있다는 사실을 알아야 한다. 생각에 관한 선택(또는 선택하지 않음)이 삶의 질에 어떤 영향을 미치는지도 알아보아야 한다. 다행히 생각을 바꿔야만 생각으로부터 해방될 수 있는 것은 아니다.

좋은 인생

정교한 교육 시스템이 갖춰진 시대이지만 이상하게도 우리는 정작 기본적인 행복 상태 유지에 필요한 가장 중요한 기술은 배우지 못한다. 좋은 인생을 만들고 이어가려면 생각과 의식적이고 건설적인 관계를 가꿔나가야 한다. 생각의 유쾌한 이점을 활용하되 생각이 삶을 장악하거나 큰 피해를 입히지 않는 그런 관계 말이다. 사실 우리는 어디로 주의를 집중할지에 대해 생각보다 많은 선택권을 가지고 있다. 우리에게는 어떤 생각을 계속할지 선택할 수 있는 힘이 있다. 마음이 마구 내던지는 생각에 속수무책으로 휘둘리며 살지 않아도 된다. 마음이 우리에게 원하는 것은 아니겠지만 말이다.

와인 한 잔은 힘든 하루를 마무리하는 기분 좋은 선물이 될 수 있다. 하지만 똑같은 와인이라도 삶으로부터 도망치거나 현재를 피하고 자해하거나 집착을 충족하거나 하는 갖가지 파괴적인 목적을 달성하는 수단으로 이용될 수 있다. 생각도 마찬가지다. 의식과 분별력, 규율 없이 생각하면 삶의 통제권을 포기하게 된다. 어디에 주의를 쏟을지에 대한 선택을 포기함으로써 마음과 존재를 결정할 수 있는 권한도 포기하는 것이다.

이 책에서는 책을 읽을 정도의 나이가 된 사람이라면 아마 다들 경험해봤을 과도한 생각이 가져오는 미묘하거나 전혀 미묘하지 않은 결과를 제시할 것이다. 생각 활동이 우리에게 던지는 무한히 복잡한 난제, 즉 생각이 우리를 통제하면 어떤 영향을 끼치고 어떻게 대처해야 하는지를 탐구할 것이다. 하지만 가장 중요한 것은 생각과 새롭고 주도적인 관계를 쌓는 도구를 제공한다는 점이다. 생각이 아니라 당신이 주도하는 관계다. 엄연히 중독인 생각 중독으로부터 해방되어 만성적인 불만의 진짜 이유가 사라지기를 바란다. 우리의 가장 소중한 자산인 주의가 생각에 의해 통제되지 않는 삶으로 당신을 초대하고 싶다. 더 나아가, 생각이 진리가 아니며 우리 자신은 더더욱 아닌 삶으로 초대하려 한다.

새로운 삶의 방식

우리는 삶의 난제에 전략과 즉답을 요구하고 기대하는 세상에 살고 있다. 누구나 당연히 고통에서 벗어나기를 원한다. 실제로 이 책에는 당신을 고통스럽게 하는 끝없는 생각에서 벗어나도록 도와주는 연습법이 들어 있다. 하지만 과도한 생각에서 벗어나는 방법은 생각으로 찾을 수 없다. 그것이 가능했다면 이미 당신은 오래전에 생각 중독으로부터 자유로워졌을 것이고 인생도 근본적으로 달라졌을 것이다. 과도한 생각에서 벗어나는 방법을 생각으로 찾으려고 하면 훨씬 더 많은 생각만 쏟아질 뿐이다.

　인생을 바꾸는 가장 좋은 방법은 그 인생을 살아가는 사람이 변하는 것이다. 보는 눈이 변하면 무엇을 보느냐도 변한다. 무엇을 관찰하느냐는 관찰자에 의해 달라진다. 내가 바뀌면 생각과의 관계도 바뀌고 결과적으로 인생 경험이 바뀐다.

　이 책의 내용을 깊이 흡수해 마음만이 아니라 몸과 가슴에도 의미가 스며들 수 있도록 하길 바란다. 이상한 부탁이기는 하다. 생각에 관해 생각하는 책인데 생각을 담당하는 마음이 아닌 다른 관문을 통해서도 받아들여 달라니.

　일단 판단을 보류하고 어떻게 하면 생각을 하지 않거나 덜 할 수 있는지에 대해 너무 깊이 생각하는 것을 자제하길 바란다. 이 책의 여정을 새로운 방식으로 경험해보라. 처음부터 의미를 알려 하지 말고 의미가 저절로 밀려오게 하라. 이 모든 것이 이상하게 들릴지 모르지만, 너무 급하게 알아내려고 하지 말라. 과도한 생각에서 자유로워지는 당신만의 길이 나타날지니. 당장은 생각에 관한 생각이 바뀔 수 있다는 사실만 믿어주기 바란다. 그러면 생각과의 관계가 바뀌고 '생각하는 사람이 없는 상태의 생각'[2]이 가능해진다.

　당신이 인생의 어느 지점에 있든, 명상을 한 번도 해본 적이 없든 몇십 년 동안 의식을 다스리는 연습을 했든 간에 이 책이 도움이 되기를 바란다. 자신의 경험에 귀 기울이는 용기를 가지고 읽는다면 더 큰 도움이 되리라는 것을 알아주기 바란다. 그리고 유익함에 관한 생각을 자제하고 읽는다면 가장 도움이 될 것이다.

이 책을 읽기로 했다면 아마도 이런 이유에서일 것이다. 곱씹어 생각하는 것을 줄이고 싶어서, 파국적인 생각을 멈추고 싶어서, 원할 때 생각 스위치를 끄고 싶어서, 무엇을 생각할지에 대해 더 많은 선택권을 행사하고 싶어서, 머릿속의 시끄러운 소리를 막고 싶어서, 불안을 줄이고 평온함을 느끼고 싶어서. 혹은 전부 다에 해당될 수도 있다. 당신은 생각하는 방식이 자신을 불행하게 만들고 생각을 바꿔야만 인생이 바뀔 수 있음을 이미 아는지도 모른다. 맞는 생각이다. 정말로 그렇게 될 수 있다. 이 책은 당신에게 딱 한 가지를 약속한다. 생각과의 관계를 바꾸면 인생도 바뀐다.

1장

알아차림 :
생각과의 관계 바꾸기

처음 상담을 받으러 왔을 때 태라는 30대 중반의 나이였다. 무려 지난 10년 동안 강박적인 생각을 다스리고 또 없애려고 무던히 애썼다고 했다. 그녀는 그런 생각을 '도저히 멈출 수 없는 생각'이라고 불렀다. "제발 생각을 멈추고 싶어서" 10년 동안 자기계발서에 매달려 별별 방법을 다 써봤다. 특히 '난 가치 없는 인간'이라는 생각을 그만하고 싶었다. 태라가 주로 활용한 방법은 긍정적인 사고법으로, 긍정하기나 감사하기 연습 같은 것이었다. 그녀는 마음속에서 들려오는 말을 긍정적으로 바꾸려고 애썼다. 그렇게 10년 동안 전념하다 보니 그런 방법이 완전히 몸에 익었다. 그런데 지금까지도 괴로운 생각을 멈추지 못해서 힘들어하다가 나를 찾아온 것이었다. 매번 그녀는 생각에 속수무책으로 두들겨 맞고 나가떨어졌다.

나는 태라처럼 자기계발서에서 제시하는 심리적인 기법에 실망한 사람들을 수없이 만나보았다. 완전히 달라진 인생을 선사해주겠노라 유혹하는 방법을 그대로 따라 했지만 결국 과도한 생각에서 완전히 벗어나 평온함을 얻는 데 실패한 사람들이 내 상담실 문을 쉬지 않고 두드린다. 하지만 시중에 나온 자기계발서를 닥치는 대로 읽어본 사람이라도 절망할 필요는 없다. 자기계발서에서 구원을 얻지 못한 것은 절대로 당신의 잘못이 아니다. 생각의 내용물을 통제하는 것은 지저분한 머리카락을 화려한 모자로 가리는 것처럼 임시방편에 불과하기 때문이다.

삶이 순탄할 때는 그런 방법도 꽤 효과가 있어서 그럭저럭 만족스럽게 살아갈 수 있다. 하지만 언제가 됐든 살다 보면 힘든 일이 생기기 마련이고 그럴 때 긍정적인 사고법은 효과가 없다. 임시방편이 실패하면 우리는 평소의 믿음 체계와 사고 패턴으로 돌아가 버린다. 한마디로 긍정적인 생각은 어느 정도 도움이 되고 기분을 좋게 해주지만 근본적인 문제를 건드리지는 못한다. 그것은 부정적인 생각의 근본적인 원인인 신념을 바꿀 만큼 강하지 않다. 결국, 훨씬 더 깊고 심각한 상태를 가리는 반창고일 뿐이다.

긍정적인 사고법이 올바른 전략이 아닌 이유는 효력을 전적으로 믿을 수 없어서만은 아니다. 엉뚱한 문제를 붙들고 해결하려 든다는 것이 진짜 이유다. 부정적이거나 원치 않는 생각을 긍정적인 생각으로 대체하는 방법은 잘못된 전제를 진리라고 믿게 만든다. 생각은 통제할 수 있고 반드시 통제해야 한다는 것. 생각의 내용물은 중요하고 생각에는 우리를 통제하는 힘이 있으며 생각을 통제해야만 평온해질 수 있다는 것. 전부가 잘못된 가정이다. 긍정적인 사고법은 잘못된 주장을 한다. 지금 이 순간 생각이 무슨 말을 하느냐가 나의 행복을 좌우하므로 생각을 성공적으로 관리하고 통제하는 것이 행복의 열쇠라고 말이다. 이런 믿음 체계에 갇혀 있으면 우리의 통제권을 벗어난 어쩔 수 없는 생각의 내용물에 휘둘릴 수밖에 없다. 긍정적인 사고법은 우리에게 힘을 실어준다고 주장하지만 근본적으로는 힘을 빼앗아 간다.

자기계발서들은 원치 않는 생각과의 전쟁에서 승리하게 해주는 무기를 판다. 하지만 생각에 휘둘리고 싶지 않다면 애초에 생각을 통제하려 들지 않는 것이 답이다. 생각과 싸워서 이기겠다는 마음 자체를 버려야 한다. 부정적인 생각에서 해방되려면 생각과의 전쟁에서 이겨야 하는 것이 아니라 (일분일초, 하루하루, 수년 동안 쉬지 않고 계속되어 온) 그 전쟁에서 완전히 발을 빼야 한다.

마음의 평화를 위해 나서기

어떻게 하면 생각과의 전쟁을 그만둘 수 있을까? 그 싸움에서 물러나려면 어떤 전략을 써야 할까? 내가 제안하는 과정은 관점의 근본적인 변화에서 시작된다. 긍정적인 사고법은 생각의 내용물이 반드시 내 마음에 들어야만 내 상태가 편안해질 수 있다고 주장한다. 이대로라면 우리는 생각에 엄청나게 의존하게 된다. 한마디로 생각이 곧 나라는 주장이다. 하지만 만약 사실이 아니라면? 생각과의 싸움에서 벗어나는 첫걸음은 생각을 바로잡아야만, 나아가 내 마음에 들거나 인정할 수 있는 생각을 해야만 평온해질 수 있다는 생각 자체를 버리는 데서 시작된다.

비록 잠깐이라도 아무런 생각이 떠오르지 않을 때가 있다. 그런 순간에도 당신이 여전히 의식을 가진 채로 이 자리에 존재한다는 사실을 문득 알아차린 적이 있는가? 우리는 생각이 있든 없든 존재한다. 이 사실은 우리가 생각으로 만들어지지 않았음을 뜻한다. 나를 이루는 것이 없는데 내가 존재할 수는 없다. 앞으로 이 책에 나오는 방법들을 연습하면서 거듭 경험하게 되겠지만, 우리는 때때로 생각이 떠오르거나 스쳐 지나가는 것을 인식할 수 있다. 생각을 볼 수 있고 뭐라고 하는지 들을 수 있다는 사실 또한 우리가 곧 생각이 아님을 뜻한다. 저기 내 눈앞에 떡하니 보이는 것이 어떻게 나란 말인가? 결국, 평온함은 내가 곧 생각이 아니고 생각이 곧 나도 아니라는 사실을 깨닫는 데 달려 있다.

자신에게 물어보자

생각이 곧 내가 아니라면? 나는 생각을 듣고 보는 사람이고 생각이 떠오르는 의식이 나인 거라면?

'그래, 그럴지도 몰라'라는 가능성에 대한 믿음을 가슴에 싹틔워 보자. 걸을 때도 앉을 때도 샤워할 때도 먹을 때도 그 믿음을 품고 있으면서 어떤 일이 일어나는지 한번 살펴보자.

생각은 당신의 의식 안에서 나타났다 사라진다. 그것만큼은 절대적인 사실이다. 그러나 생각의 내용물은 당신 책임이 아니다. 생각은 자기가 하고 싶은 말을 할 수 있으며 분명저 하고 싶은 대로 떠들 것이다. 그래도 당신은 괜찮을 수 있다. 생각의 내용물을 내 마음에 들게 고치고 정복해야만 한다는 고정관념을 버려라. 마음속에 생각을 그저 관찰하기만 하는 장소를 만들어놓으면 생각에 휘둘리지 않을 수 있다. 자유는 의식에서 나온다. 마음속에서 일어나는 생각을 관찰자가 되어 바라보는 것이다. 관찰하면서 본 것을 꼭 어떻게 해야만 한다는 압박감을 내려놓는 데서부터 자유가 시작된다.

알아차림은 관찰이다

앞으로 이 책에서는 알아차림(의식)에 관한 이야기를 많이 할 것이다. 실제로 의식은 생각 중독에서 벗어나는 열쇠가 된다. 그런데 '알아차림awareness'이라는 단어는 실생활에서 굉장히 여러 가지 의미로 쓰인다. 게다가 보통 사람들은 의식을 기술의 일종이 아니라 처음부터 가지고 태어나는 것으로 생각하는 경향이 있다. 어느 정도는 맞는 말이다. 하지만 이 책에서는 알아차림을 개발하고 갈고닦아야 할 기술이라는 특정한 의미로 사용했다.

여기에서 말하는 알아차림은 생각과 동일시되거나 합쳐지거나 생각 속으로 무너져 내려 하나가 되어버리지 않는 내면의 증인을 만드는 기술이다. 생각과 어떤 관계를 맺고 어떻게 반응하고 싶은지 선택하기 전에 생각과 엄연히 분리된 증인인 '나'를 만들어야 한다. 그러려면 한 발짝 뒤로 물러설 필요가 있다. 관계를 바꾸려면 조금 떨어져서 상대를 '있는 그대로' 바라볼 수 있어야 하기 때문이다. 에크하르트 톨레Eckhart Tolle의 말처럼 생각을 볼 수 있으면 생각에 중독되지도 않는다.[3]

생각은 하늘의 새와 같다

세상에 태어난 순간 우리는 감각을 통해 삶을 경험한다. 보고 듣고 맛보고 냄새 맡고 느끼지만 그 모든 것을 행하는 나는 아직 없다. 감각은 단지 일어난다. 우리의 자아와 경험, 환경이 모두 하나다. 하지만 성장하면서 자신을 별개의 실체로 보고 거울에 비친, 이름을 가진 나로 경험하기 시작한다. 그리고 자신을 환경으로부터 분리된 존재로 경험하기 시작한다. 내 배, 내 사탕, 내 장난감 수레, 내 엄마. 시간이 지나면서 그 분리된 자아의 초점은 장난감, 물건, 사람, 음식 등 자신의 의식에 나타나는 대상으로 향한다. 이것을 보고 만지고 저것을 맛본다. 우리의 주의는 우리가 가리키는 것으로 향한다. 그러나 그 과정에서 우리는 어떤 대상과의 관계를 가능하게 하는 의식, 즉 대상을 보거나 감지하는 존재 자체를 보지 못하게 된다. 대상이 나타나는 공간과의 연결도 끊어진다.

하늘을 가리키면서 "저게 뭐지?"라고 물으면 대부분의 사람들은 새, 비행기, 구름 등 하늘에서 으레 보이는 것들을 이야기할 것이다. 하지만 하늘 자체는 보지 못하고 경험하지 못한다. 우리는 눈앞에 나타나는 것에 집중하도록 훈련되어 있어서 새, 비행기, 구름 등이 나타났다 사라지는 무한한 공간인 하늘을 놓친다. 우리의 마음도 그렇다. 우리는 생각만 인지할 뿐, 생각이 어디에서 발생하고 소멸하는지는 인지하지 못한다. 생각이 하는 말은 듣지만 그 말을 듣는 사람에 대해서는 아무것도 모른다. 생각을 바꾸려면 생각을 둘러싼 의식을 새를 품은 하늘처럼 바라보아야 한다.

알아차림 연습의 기본

알아차림은 단순히 무슨 일이 일어나고 있는지 알아차리는 것이다. 그게 다다. 이 기술은 판단하려 들지 않고 지금이 순간에 주의를 기울이는 연습을 함으로써 단련할 수 있다. 자신의 마음과 몸, 주변 환경에서 일어나고 있는 일과 지금이 순간에 포함된 모든 것을 더 잘 의식하게 된다. 왜 여기 있는지, 마음에 드는지, 어떻게 대처해야 하는지 결정하지 않고도 지금 여기에 존재하는 것들을 알아차릴 수 있다. 한마디로 지금 이 순간이 제공하는 내용이나 이야기에 개입하지 않고 그냥 관찰만 한다. 알아차림을 연습할 때는 호기심과 호의적인 태도가 나타난다. 특정한 어떤 것을 찾지 않고 그저 바라보는 것이 목표다.

1. 마음에 카메라를 들이댄다고 상상해보자. 무엇이 들리고 보이는가?
2. 머릿속에서 무슨 일이 벌어지는지 관찰한다. 생각이 많은가, 아니면 여기저기 조금씩 흩어져 있는가? 안에 담긴 특정한 단어나 이미지를 알 수 있을 정도로 뚜렷한 생각인가, 아니면 배경 소음 같은가?
3. 생각의 분위기는 어떤가? 어떤 느낌인가? (어떤 내용인지는 들여다보지 말고.)

이상하겠지만 지금의 목적은 이 질문에 대답하는 것이 아니다. 이 질문들은 당신이 생각을 바꾸려 시도하지 않고 단지 목격하도록 돕는 조언자 또는 안내자 역할이다. 목적은 딱하나다. 마음속에서 펼쳐지는 영화를 가만히 보는 법을 배우는 것이다.

'마음챙김mindfulness'이라고도 불리는 이 알아차림 연습은 주의를 자기 안으로 돌리고 관찰하는 것이다. 본 것에 대한 이야기를 만들지 않고 헤아리거나 고치려고 하지도 않는다. 아무것도 얻으려고 하지 않는다. 보이는 것을 바꾸거나 즉흥적으로 대처하거나 관리하거나 통제하지 않고 그저 바라만 볼 뿐이다. 터무니없을 정도로 단순하고 심지어 의미가 없어 보이기도 하지만 결코 쉽지 않다.

아이러니하게도 가장 효과적인 알아차림 연습은 마음이 이해하거나 참을 수 없을 만큼 단순하다. 개선 계획, 숙제, 목록, 해야 할 일 등 마음이 바쁘게 몰두하는 것들을 내어주지 않음으로써 전략적으로 마음을 굶기는 연습이다. 알아차림 연습에는 마음이 평소 그토록 좋아하는 전략 짜기나 우리가 익숙한 온갖 정신적 활동이 자리하지 않는다. 지시와 할 일이 적어지면 마음은 가만히 있지를 못한다. 보이는 것을 판단하고 이야기를 만들어내고 바꿀 계획을 세우며 바쁘게 움직이고 싶어 한다. 하지만 최선을 다해 가만히 보고만 있어야 한다.

이 연습은 관찰이다. 증인석에 앉은 채 자신의 마음이라는 목적지로 들어가는 것이다. 마치 마음을 찍도록 카메라를 준비해놓고 옆으로 물러서는 것과 같다. 카메라가 돌아가면서 앞에 보이는 것들이 찍히지만 당신은 그 내용을 판단하거나 해석하거나 편집하지 않는다. 사실 그대로를 담는 프랑스식 영화 '시네마 베리테cinéma vérité'와 비슷하다. 피사체는 우리의 의식이다.

지금 설명한 것은 가장 순수한 형태의 알아차림 연습이다. 호기심을 갖고 우호적으로 자신의 생각을 그저 바라보는 것. 이 연습이 처음이라면 어떤 의제나 전략 없이, 생각에 대처할 수 있는 계획 없이 마음 안에서 일어나는 일을 그저 바라만 보는 것이 불가능하게 느껴질 수도 있다. 그래도 괜찮다. 그냥 관찰만 하는 게 도저히 불가능하다면 주의를 쏟을 만한 대상을 정해서 마음을 바쁘게 만든다. 그러면 생각과 분리되는 연습을 할 수 있다.

어떤 대상에 주의 기울이기

알아차림 연습에서 주의를 기울일 대상으로 호흡을 이용할 수 있다. 마음에 할 일을 주는 것이다(반려견이 귀찮게 달려들지 않도록 씹을 만한 양말을 던져주는 것과 비슷하다). 호흡은 주의를 기울이는 대상으로서 매우 효과적이다. 호흡에 중요하거나 신비로운 특징이 있어서가 아니다. 항상 여기 있으므로 현재로 들어가는 통로로 언제든 이용 가능하기 때문이다.

이 연습법은 다음과 같다.

∘ 호흡이 가장 두드러지게 느껴지는 곳에서 호흡의 감각에 집중한다. 콧구멍, 가슴, 배 등(호흡이 중요하지 않음을 알아차릴 수 있는 곳).

◦ 들숨과 날숨, 그 사이의 미묘한 멈춤을 알아차리고 느낀다.

◦ 생각이 떠오르고 (미친 듯) 손짓하며 관심을 요구해도 계속한다.

앉은 상태로 호흡에 주의를 기울이는 동시에 생각의 내용물에 개입하고 휩쓸려 가려는 충동을 억제한다. 지금 당신은 생각이 아닌 나, 생각에 개입할지 여부를 직접 결정하는 나를 단련하는 중이다.

1. 눈을 감고 심호흡을 한다.

2. 배에 손을 얹고 한 번 더 숨을 쉬면서 배가 올라갔다 내려오는 감각에 집중한다.

3. 몸 안으로 주의를 옮겨 어떤 감각이든 알아차린다.

4. 이제 호흡으로 주의를 옮긴다. 가장 뚜렷한 곳에서 호흡의 감각을 느껴본다.

5. 뭔가를 하지 않고 통제하지 않고 어떤 식으로든 바꾸지도 않는다. 그저 호흡하는 몸의 감각을 알아차리고 느낀다. 모든 호흡에 하나씩 일일이 주의를 기울인다.

6. 감각이 발생하면 감각을 알아차리되 주의는 계속 호흡에 둔다. 생각이 떠오르면 개입하지 말고 자신이나 생각을 판단하지도 말고 그저 생각을 알아차리기만 한다. 계속 호흡에 주의를 기울인다.

7. 자신도 모르게 생각에 빠졌다면 그저 그 사실을 알아차리고

다시 주의를 호흡으로 돌려놓는다. 생각을 또 했다고 자책하지 말고 다음 호흡으로 돌아간다.

8. 가능하면 이 연습을 10분 동안 계속한다. 10분 동안 생각에 빠졌다가 호흡으로 다시 돌아간 게 100번이나 될 수도 있지만 지극히 정상이다. 현재에 집중하지 않고 생각에 빠진 사실을 깨달을 때마다 다시 깨어나 자신의 부재를 알아차린 사실을 칭찬한다.

계속 호흡에 집중하면서 생각에 관여하지 않고 그냥 알아차리기만 하면 의식이 단련되므로 내가 생각에서 떨어져 나온다. 마음의 내용물과 나를 동일시하지 않게 된다. 꾸준히 연습하면 자신이 생각 그 자체가 아니라, 그저 내 안에서 생각이 일어나는 것임을 깨닫게 된다.

마음챙김을 연습하기 위해 자리에 앉았을 때 마음에서 어떤 생각이 발견되느냐는 중요하지 않다. 그 생각이 아무리 흥미롭고 파격적이어도 상관없다. 천체물리학자가 명상을 하다가 과학에 관한 엄청나게 중요한 깨달음을 얻었다. 우주에 대한 인간의 이해를 바꿔놓을 만한 깨달음이 떠오른 것이다. 그러나 마음챙김 강사는 그의 발견에 전혀 관심을 보이지 않고 조용히 하라고 손짓할 뿐이었다. 그는 과학자에게 의식에서 나타나는 것, 마음의 내용물에 집착하거나 기뻐하지 말고 마음을 바라보는 행위를 하고 있는 의식을 알아차리기만 하라고 다시 설명했다.

　　이 연습법은 자신의 의식에 호기심을 보이는 행동이다. 의식 속에서 발견한 것에 대한 호기심이 아니다. 호흡에 주의를 고정한 채로 그저 마음의 움직임을 알아차린다. 이 연습의 목적은 생각이 아닌 곳에서 마음을 관찰하는 것이다. '생각의 시점에서' 바라보는 것이 아니라 '생각을' 알아차린다. 생각을 알아차리는 의식이 생각을 바라본다.

꾸준한 습관으로 만들기

　　알아차림 연습에서 가장 중요한 것은 꾸준함이다. 정말로 생각의 지배에서 벗어나고 싶다면 규칙적으로, 가능하면 매일 연습하기를 권한다. 기억하라. 당신은 살아온 세월만큼 오랫동안 생각에 중독되었다. 그동안 모든 생각에 일일이 신경 쓰고 생각이 곧 자신이라고 믿으며 살아왔다. 따라서 자신과 정체성을 생각으로부터 떼어내려면 시간이 걸린다. 생각을 제대로 바라보면서도 현혹되지 않는 데 필요한 의식을 키우려면 시간과 연습이 필요하다. 생각은 유혹적이다. 이것은 부정할 수 없는 사실이다. 생각의 유혹에 저항하는 힘과 존재감을 키우려면 일관되고 헌신적인 단련이 필요하다.

가능하면 매일 최소 10분 동안 마음챙김을 연습하면서 의식의 공간에서 일어나는 일(생각과 감각)에 집중한다. 20~30분 정도 할 수 있다면 훨씬 더 좋다. 하루에 5분밖에 시간이 나지 않으면 5분 동안 연습하면 된다. 이건 경쟁도 아니고 모 아니면 도도 아니다. 알아차림 연습에 쏟는 시간은 얼마가 되더라도 전부 유익하다.

의자, 명상 쿠션, 요가 매트, 소파 등에서 연습할 수 있다. 바른 자세로 똑바로 앉으면 격식과 깊이를 갖추는 데 도움이 되지만 중요한 것은 아니다. 중요한 것은 연습이다. 지하철, 책상, 식당 등 어디에서나 알아차림을 연습할 수 있다. 장소는 상관없다. 꼭 처음부터 끝까지 끊기지 않고 할 필요도 없다. 10분 연속으로 시간을 내기가 힘들다면(그것은 그것대로 문제이므로 해결할 필요가 있다) 시간 날 때마다 2~3분씩 나누어서 한다. 잠시 멈추어 의식의 렌즈로 마음을 바라본다. 좀 더 일반적인 스타일로 연습하는 것도 괜찮다. 어떤 형식적인 절차 없이 생각이 어떤 상태이고 자신에게 어떤 영향을 미치는지 지켜보면 된다.

판단하지 않고 바라보기

판단하지 않고 바라보는 연습을 통해서도 의식을 키울 수 있다. 생각은 의견, 좋아하는 것과 싫어하는 것, 해석, 분석, 판단 등으로 이루어진다. 판단하지 않고 바라보기는 아주 잠깐이라도 의견과 판단을 덧붙이지 않고 무언가를 있는 그대로 경험하는 것이다. 너무 파격적으로 느껴질 수도 있는데 실제로도 그렇다. 대부분의 사람들이 살아가는 방식과 완전히 반대되기 때문이다. 판단하지 않고 바라보는 연습은 지금 일어나고 있는 일에 자신의 생각을 보태지 않고 현재에 머무는 연습이다. 경험이 그냥 일어나게 내버려두고 그것에 대한 생각이나 의미 같은 것을 떠올리지 않는다. 경험에 따라오는 온갖 설명을 보태지 않고 그저 순수하게 순간을 경험한다.

판단하지 않고 바라보기

끊임없이 의견을 더하지 않으면서 산다는 것은 상상하기 힘든 일처럼 보이지만, 판단하지 않고 바라보기는 사실 그렇게 어렵지 않다. 하지만 우리가 평생 모든 것에 대한 생각과 의견을 만들어온 만큼, 판단하지 않고 바라본다는 것이 처음에는 매우 이상하게 느껴질 수 있다.

1. 눈을 감고 코로 심호흡한다. 배 속으로 숨을 쭉 들이마신다. 잠깐 숨을 참은 후 입으로 길고 느리게 내쉰다. 잠깐 멈춘다. 이 작업을 몇 번 수행한다(원한다면 더 많이).
2. 긴장하거나 불편한 곳이 있는지 마음의 눈으로 온몸을 훑는다. 불편한 부위에 주의를 집중하면서 긴장을 푼다. 서두르지

않는다.

3. 이제 눈을 뜨고 주변을 둘러본다. 눈에 보이는 것을 바라보되 마음속으로 그것에 대해 언급하는 것을 삼간다. 보고 있는 것에 이름을 붙이지 말고 마음에 드는지도 생각하지 말고 어떻게 대처해야 하는지도 생각하지 않는다. 한 공간에 있는 것들을 그냥 바라본다. 언어를 개입시키지 말고 아무것도 모르는 상태로 그냥 바라본다.

4. 이 실험이 마음에 무엇을 일으켰는지 느껴본다.

의견이 더해지지 않으면 삶이 다르게 느껴진다. 여전히 풍성하지만 뭔가 다르다. 우리는 판단하지 않고 바라보기를 통해 판단과 해설에 의해 정의되지 않은 삶을 맛보기 시작한다. 한마디로 그것은 생각으로 살아가는 삶이 아니다. 매 순간 서사나 의견을 만들면서 살아가지 않아도 된다고 자신에게 허락하면 생각 중독은 자연스럽게 약해진다. 결과적으로 큰 자유와 깊은 안도감을 얻게 되는 것이다.

연습을 통해 하루 동안 무슨 일이 일어나든 잠시 멈춰서 의식을 통과하는 생각을 관찰할 수 있다. 당신은 이제 생각이 자신에게 어떤 영향을 미치는지에 대해 항상 어느 정도의 관심을 유지한다. 알아차림 연습은 단순한 행위가 아니다. 그것은 자신과 함께 존재하는 방식이고 실제로 살아가는 방식이다. 주의의 변화를 정기적으로 경험하고 연습하면 놀라운 결과가 나타나고, 궁극적으로 만성적인 불만으로부터 해방될 것이다.

이 책에는 공통적인 생각 패턴과 난제들을 해결할 수 있는 심오한 도구뿐 아니라 다양한 알아차림 연습법이 담겨 있다. 모든 알아차림 연습의 이면에는 생각에 대한 집착에서 벗어나고 우리 자신을 생각 이상의 존재로 인식하고자 하는 의도가 있다. 알아차림은 가장 간단한 방법이자 가장 강력한 방법이다. 오늘부터 시작하는 건 어떨까?

1부
고통의 종류
Styles of Suffering

2장　　　　**"나를 가장 아프게 하는**
　　　　　　　생각이 멈추질 않아"

생각의 고리와 반추

과거에 무엇이 잘못되었고 앞으로 무엇이 잘못될 것인
지에 대해 얼마나 많은 시간 동안 생각하는지 알아차린 적이
있는가? 그런 생각을 하는 시간이 많다면 정상이다. 정상이라
고 느껴지거나 좋은 일처럼 느껴지지는 않겠지만 말이다. 미
국 국립과학재단National Science Foundation의 연구에 따르면, 인
간은 하루에 무려 6만 개의 생각을 한다.[4] 의학박사 디팩 초
프라Deepak Chopra는 6~8만 개로 그 숫자를 더 크게 본다.[5] 게
다가 최신 연구에 따르면, 생각의 80퍼센트는 부정적이고 90
퍼센트는 불필요하다. 생각이 계속 똑같은 말만 한다는 뜻이

다.[6] 이상하게도 우리는 부정적인 생각일수록 더 개입하고 곱씹는 경향이 있다. 따져보면 부정적이고 반복적인 생각이 무척 많다.

생각이 떠오르는 순간, 그것은 우리에게 올라타라고 제안(위협)한다. 우리는 이 초대를 의무로 간주하고 생각이 어디로 향하든 상관없이 올라탄다. 사실 생각의 기차에 타는 것은 매우 위험할 수 있다. 우리를 마음속의 어둡고 무서운 곳으로 데려갈 수 있기 때문이다.

패멀라는 매일 아침 '말벌 둥지'라고 부르는 곳에서 일어난다. 그녀는 침대에서 일어나기 전에 '독침이 강한 말벌' 같은 생각의 소용돌이에 빠진다. 풀어야 할 문제, 잘못될 수도 있는 일, 완료해야 할 과제 같은 생각이다. 그녀는 침대에서 일어나기도 전에 불안, 두려움, 압도감으로 가득 찬 하루를 시작한다. "마치 말벌 떼에 둘러싸인 것처럼 생각들이 내 주위와 내 안에서 윙윙거려요." 마치 마음이 잠자는 여덟 시간 동안 방출하지 못한 에너지가 쌓인 채로 깨어나는 것 같다. 마음은 적극적으로 생각을 만들어내고 사령관의 자리를 다시 꿰참으로써 의식으로 돌아간다.

부정적인 생각의 진화적 기능

진화의 측면에서 우리가 부정적인 생각에 초점을 맞추는 것은 생존 본능이다. 심리학자 릭 핸슨Rick Hanson 박사가 설명하듯이, 우리의 주의는 부정성 편향negativity bias이 있다. 부정적인 정보는 동일한 강도의 긍정적인 정보보다 뇌에 더 많은 활동과 발화發火를 일으킨다. 그리고 뇌는 긍정적인 것보다 부정적인 것을 잘 인지한다.

뇌는 우리를 보호하기 위해 위협을 과장하고 우리의 능력과 강점을 과소평가하여 어려움에 대처할 수 있는 능력을 덮어버린다. 핸슨 박사는 "인간은 부정적인 경험에는 벨크로이고 좋은 경험에는 테플론이다."라고 말한다. 잘못되거나 나쁜 일은 생각하고 기억하고 중요하게 여기지만, 좋은 일은 잊거나 무시하거나 최소화하는 경향이 있다는 뜻이다.[7] 확실한 것은 일단 부정적인 생각이 접착제처럼 달라붙으면 벗어나기 더 어렵다는 사실이다. 나쁜 접착제가 좋은 접착제보다 강력하다.

부정적인 경험이 긍정적인 경험보다 뇌의 공간을 더 많이 차지한다는 사실은 문제를 복잡하게 만든다. 관계 연구 전문가 존 가트맨John Gottman 박사는 부부 사이에 부정적인 상호작용이 일어났을 때 만족스러운 상태로 다시 돌아가려면 다섯 번의 긍정적인 상호작용이 필요하다는 사실을 발견했다.

중요성의 측면에서 긍정 대 부정이 5 대 1 비율이니 경쟁이 안 되는 싸움이다.[8]

수백만 년 동안 생물체는 원하는 것을 얻는 데 집중할지 아니면 해로운 것을 피하는 데 집중할지 결정해야만 했다. 핸슨은 이것을 "당근 쫓기 또는 채찍 피하기"라고 부른다.[9] 멸종을 피하려면 채찍 피하기가 더 나은 전략일 수 있다. 오늘 당근을 놓치면 내일 찾을 수도 있지만, 오늘 채찍을 피하지 못하면 내일이 아예 없을 테니까. 진화의 측면에서는 조금도 방심하지 않고 잠재적인 멸종 위기 상황을 경계하면서 주의를 기울이는 편이 훨씬 현명하다.

달라진 현대의 위험

우리가 인지하는 위험을 뜻하는 '채찍'은 과거와 달라졌다. 요즘 시대에는 숲속에서 채찍을 만나 죽을 위험이 (거의) 사라졌다. 동네 식료품점에서 선택할 수 있는 시리얼 종류가 412가지나 되는 요즘은 생물학적 생존 욕구가 심리적 생존 욕구로 바뀌었다. 이제 우리는 심리적인 죽음으로부터 자신을 보호하려 한다. 우리의 마음은 자존감과 자아가 다치거나 몰살당하는 것을 막기 위해 24시간 바쁘게 움직인다. 당근과 채찍이 사라지면서 정체성, 즉 내가 나에 대해 스스로에게 하는 이야기가 잠재적 위협으로 떠올랐다. 우리는 그 어떤 상황도 자신의 가치나 자존감을 해치지 않도록 항상 경계하고 전략을 세운다. 숲속에서 살아가던 시절에도 피해야 할 채찍이 많았지만, 오늘날 자아를 위협하는 잠재적 요인도 무수히 많다. 결과적으로, 마음이나 감정을 온전하게 유지하려면 과잉 경계가 필수인 것처럼 보인다.

기본적으로 우리는 끊임없이 부정적인 경험을 떠올린다. 부정적인 경험을 좀 더 긍정적인 것으로, 즉 다른 결과로 바꾸려고 하기 때문이다. 원하지 않는 경험을 원하는 것으로 재구성하고 감정의 균형과 자존감을 다시 세우기 위해 머릿속에서 부정적인 생각을 계속 재생한다. 부정적인 상황을 더 잘 헤아리고 문제를 명확하게 알고 더 많은 시간을 쏟으면 결국 그것이 사라지거나 적어도 기분이 나아질 거라고 믿는다. 고통을 없애는 방법을 찾으려고 고통을 꽉 붙들고 있는 모양새다. 모든 부정적인 상황 속에 답이 존재하고 생각을 통해 그 답을 발견하면 고통으로부터 해방될 수 있다고 믿는 것이다.

자기돌봄의 뼈아픈 역설

역설적이지만 고통에 매달리는 것은 자신을 돌보는 방법이다. 우리는 문제의 잔해 속 어딘가에서 핵심적인 해결책이 나타날 것이라고 확신한다. 하지만 보통 그 안에서 나타나는 것은 더 큰 고통뿐이다. 우리는 잔해 속에 갇힌 채 결코 찾을 수 없는 보석을 찾아 헤맨다.

고통에 대해 계속 생각하면 자신의 고통이 중요하고 이유 없이 일어난 일이 아니며 잊히지 않으리라고 느끼게 된다. 우리는 주의를 고통에서 딴 데로 돌리길 거부한다. 그것은 자신의 고통을 나 몰라라 하는 것이기 때문이다. 우리는 고통을 혼자 두지 않기 위해 고통과 함께한다. 내담자 모건은 이렇게 표현했다. "내 아픔을 외면하는 것은 너무 고통스러워요. 아픔을 생각하고 느끼는 것보다 그게 더 아파요." 고통을 혼자 둔다고 생각하면 상처를 무시하고 진실을 외면하는 것처럼 큰 슬픔이 느껴질 수 있다. 따라서 생각에 개입하지 말고 그냥 내버려 두라는 것은 내 고통이 중요하지 않거나 심지어 진짜가 아니라는 말처럼 느껴진다.

생각을 되새김하는 일은 고통에 공감해준다. 하지만 그것은 우리가 원하는 대상, 즉 나에게 고통을 준 사람이나 내 고통을 신경 써야 하는 사람에게서 나오는 공감이 아니다. 상처를 다시 헤집는 것을 멈추면 누군가 나의 아픔을 제대로 들어주거나 확인해주거나 달래주지도 않았는데 그냥 넘어가는 것처럼 느껴진다. 그래서 (생각의 형태로) 주의를 기울이는 것이 상처를 달래주는 연고처럼 느껴질 수 있다.

나는 샤론이 교통사고로 아이를 잃기 전부터 오랫동안 알고 지냈다. 샤론은 아이를 잃고 나서 10년 동안 만날 때마다 세상을 떠난 아이 이야기를 했다. 딸이 없는 세상에서 사는 게 고통스럽다고. 사고 이후 샤론은 이루 말할 수 없는 고통을 겪었다. 그럴 만도 하다. 언젠가 나는 깊은 연민의 마음으로 샤론에게 물어보았다. 만약 딸을 잃은 슬픔이 살아 있는 매 순간의 중심에 있지 않다면 그녀의 삶은 어떨 것 같으냐고. 그러자 그녀는 다른 삶은 살고 싶지 않다고 말했다. 딸을 잊고 싶지 않다고. 만약 그녀가 딸에 대해 생각하지 않으면 딸은 아예 존재하지 않은 것이 되는데 그건 절대로 용납할 수 없다고, 그러면 정말로 못 살 것 같다고 했다. 샤론은 조금도 망설이지 않고 이 고통에서 벗어나느니 남은 평생 고통스러운 게 낫다고 말했다. 그녀의 고통은 절대로 끝날 수 없었다. 그녀가 끝나게 내버려 두지 않을 터였다.

　　당신은 과거를 과거로 남길 준비가 되지 않아서 고통을 계속 붙잡고 있는지도 모른다. 고통에 담긴 것들을 내려놓을 준비가 되지 않았을 수도 있고, 더 나은 과거에 대한 희망을 내려놓을 준비가 되지 않았을 수도 있다. 우리는 자기 자신에게로, 자신의 중요한 경험으로 돌아가고자 고통스러운 생각과 기억으로 돌아간다. 고통은 매우 익숙하게 느껴지기도 한다. 어릴 때 가족에게서 느꼈던 감정일 수도 있다. 고통은 그 자체로 위안이 되기도 한다. 내가 잘 알고 집처럼 편안하게 느껴지는 존재 상태인 것이다. 고통은 우리가 직접 체험한 것이며 거기에는 우리를 한곳에 단단하게 묶어두고 심지어 차분하게까지 만드는 깊이와 무게가 있다. 한자리에 머물지 않고 덧없는 행복의 가벼운 느낌과 대조적이다. 그래서 오히려 고통이 행복보다 더 안전하다고 느끼는 사람이 많다.

고통에 집중하는 이유가 자신을 돌보기 위해서인 것은 맞지만 실제로 자신을 돌보는 일이 아니라는 것을 인정해야 한다. 당연히 상처에 관심을 기울여야 하지만(누구도 이 단계를 건너뛰면 안 된다) 상처를 나 몰라라 하지 않고 알아주고 충분히 느꼈다는 것도 알아야 한다. 그리고 고통을 알거나 돌보기 위해 반드시 고통 속에서 살 필요는 없다. 고통은 필요할 때 저절로 나타날 것이다. 내 안에 자리하는 고통은 자연적으로 나타나겠지만, 굳이 지금 여기에 있지 않은 고통을 끄집어낼 필요는 없다. 중요성을 증명하기 위해 현재에 고통이라는 벽지를 칠할 이유가 없는 것이다.

생각은 유익한가, 해로운가?

이 연습은 고통에 전념하고 고통과 함께하는 것이 더 이상 도움 되지도, 자신을 사랑하는 일도 아니며 상처를 헤집는 강박적인 습관이라는 사실을 깨닫게 해준다. '이만하면 되었다.'라고 말할 때를 알아야 한다.

1. 고통스러운 기억이나 생각의 고리에 사로잡히면 잠시 멈추고 한 손을 심장에 얹는다. 이 간단한 몸짓으로 마음을 우주로 초대하는 친절함을 느껴본다. 심호흡을 한다.
2. 판단하지 말고 호기심으로 자신에게 묻는다. 이 아픈 기억이 나에게 준 고통을 나는 충분히 알아주었는가? 만약 그렇지 않다면, 잠시 시간을 갖고 나의 고통을 인정하고 연민을 보낸다.

내가 받은 상처가 중요하다는 사실을 되새긴다. 소리 내어 말한다.

3. 누군가로 인해 상처받은 이 기억을 계속 되돌아보고 머릿속으로 되풀이하는 것이 실제로 고통을 덜어주는지 묻는다. 이렇게 하면 해결책이 나오는가? 있었던 일이 바뀌는가? 기분이 나아지는가? 그렇다면 당연히 계속 되풀이해야 옳다. 하지만 그렇지 않다면 그만두어도 된다고 자신에게 허락한다.

고통스러운 생각을 외면하는 것은 직관에 어긋나고 사랑과도 거리가 멀고 심지어 또다시 상처받는 일처럼 느껴질 수 있다. 하지만 기분이 나아지기 위해 당신이 해야 하는 일이다. 그러니 자신을 진정으로 돌보려면 이 연습을 해야 한다. 만족에 이를 수 있는 기회이니 꼭 도전해보자.

처음에는 아픈 생각에서 관심을 거두는 것이 이를 악물어야 할 정도로 힘들 수 있다. 심한 상처에 붙인 일회용 반창고를 떼어내는 것과 다르지 않다. 하지만 의식적으로 주의를 딴 데로 돌릴 때마다, 고통의 초대를 거절하고 고통스러운 생각에 개입하지 않을 때마다, 세 가지 중요한 일이 행해진다.

- 부정적인 생각과 고통에 대한 집착이 느슨해진다.
- 주의를 딴 데로 돌리는 힘이 단련된다.
- 생각과의 관계에서 생각과 분리된 자아의식, 생각과 공존하는 별도의 장소를 구축한다. 생각과 자신을 동일시하거나 생각과 하나가 되지 않는다.

아픔을 뒤로하고 떠나는 것이 어떤 의미인지 알아야 한다. 생각을 그냥 내버려 두는 것에 대해 생각이 우리에게 뭐라고 말하는지. 마음은 상처에서 관심을 거두면 버림받고 관심받지 못하고 부정당하는 기분이 들 것이라는 말로 우리를 두렵게 한다. 하지만 실제로 상처에서 관심을 거두어도 그런 느낌은 들지 않는다. 부정적인 생각이 그리워지지 않는다. 우리가 고통에 매달리지 않으면 고통도 우리를 붙잡지 않는다.

고통은 홀로 남겨지지만 우리가 상상하는 것처럼 길가에 버려진 강아지 같은 신세는 아니다. 고통에 대한 생각을 버린다는 것은 고통 자체를 버리는 것이 아니기 때문이다. 모든 경험과 감정은 당신의 일부가 되어 당신이라는 사람에게 통합되었다. 고통스러운 생각을 외면하고 현재로 돌아가더라도 당신이 그렇게 놓지 않으려고 애쓰는 경험들은 이미 당신 안에 다 들어 있다. 고통을 간직하기 위해 끊임없이 곱씹지 않아도 된다. 집착적으로 생각하지 않으면 고통이 느껴지지 않는다. 고통은 길가에 버려진 채 당신이 와서 데려가 주길 기다리지 않는다.

고통스러운 생각에 개입하지 않으면 삶은 기분 좋은 놀라움을 선사한다. 당신은 좀 더 현재에 충실하게 되고 새로운 경험을 잘 받아들이게 된다. 갈망하던 안도감이 바로 코앞에 있다. 한 친구는 이렇게 표현했다. "고통을 거절하고 지금 이 순간을 받아들이면 되는 거였는데. 답이 이렇게 직접적이고 단순할 줄 누가 알았을까." 현재에 집중해도 된다는 허락을 받으려고 평생 과거를 바로잡을 방법을 찾았는데, 사실은 허락이 전혀 필요 없었다. 모든 역설적인 재앙은 비극적일 정도로 우스꽝스럽다.

상처와 자아의 관계

고통에 대한 애착을 이야기할 때 고통이 정체성의 일부

라는 점을 빠뜨리면 안 될 것이다. 그만큼 고통은 자아의식과 깊이 얽혀 있다. 우리가 견디고 극복하고 버텨낸 것, 투쟁과 도전, 슬픔, 상실, 온갖 상처의 흔적이 전부 지금의 우리를 만들었다. 고난은 정말로 개인의 일부가 된다. 그것은 우리를 변화시킨다. 고통은 신경계와 심장, 뇌에 합쳐진다. 그런데 부정적인 경험은 자아의식에서 지나치게 많은 공간을 차지한다. 우리는 고통의 이야기에 깊은 애착을 느낀다. 고통을 사랑하고 자신이 겪은 고통에서 자부심과 힘과 위안을 얻는다. 고통은 우리를 정의한다. 자아의 핵심이다. 우리는 습관적으로 자신을 경험하는 방법으로서 고통에 대해 생각한다. 그러므로 고통에 대한 애정을 거둔다는 것 자체가 근본적으로 자신이 누구인지를 포기하는 것처럼 느껴질 수 있다.

자신에게 물어보자

내 고통과 내가 이겨낸 것에 대해 자꾸 곱씹는 일을 멈추는 게 왜 두려운가? 고통이 없으면 나는 누구인가?

원한다면 일기로 기록해도 된다(디지털 기기가 아닌 펜과 종이를 사용하는 것이 좋다).

짐은 어머니가 "나라는 존재, 내가 가진 재능을 항상 비판하고 지지와 칭찬을 전혀 해주지 않았다."고 말했다. 어머니는 그를 자랑스러워하지 않았고 그에 관해서라면 그 무엇도 기뻐하지 않았다. 성인이 된 짐은 어머니가 자신을 자랑스러워하지 않았다는 사실을 자주 생각하고 또 이야기하게 되었다.

시간이 흐르면서 강력한 서사가 쌓였고 짐은 그 이야기를 자주 곱씹으면서 문제가 무엇인지 설명하곤 했다. 그는 혼자 있을 때나 다른 사람들과의 관계에서나 똑같은 생각을 하게 되었다. 자신이 어렸을 때부터 아무런 지지와 칭찬을 받지 못했고, 만약 부모의 격려가 있었다면 잠재력을 펼쳐서 지금 더 훌륭한 사람이 되어 있을 것이라고. 그렇게 그는 자신에게 필요하고 마땅히 받아야 할 것을 받지 못한 사람이라는 역할에 자신을 가둬버렸다.

나는 짐이 어머니와의 관계에서 얻지 못한 것에 대해 많은 생각을 한다는 사실을 알아차리고 그에게 물었다. "만약 그 이야기를 버리고 그 역할에서 물러나면 무얼 포기해야 할까요? 어머니와의 과거 경험에 대해 생각하는 걸 그만두고 현재에 집중한다면요." 잠시 생각에 잠긴 후에 나온 그의 대답은 매우 날카롭고 통찰력이 있었다. "어머니에게 사랑받지 못한 아들이 아니라면 내가 누구겠냐고요? 그럼 더 최악이겠죠. 내 잠재력을 실현하는 게 결국 내 책임이라는 말이니 내가 어떻게 해야 할까요?" 그는 웃으며 이렇게 말했지만, 우리 둘 다 그 질문에 담긴 참담한 진실을 이해했다.

연습법

지금의 나는 누구인가?

　과거의 이야기가 없는 사람으로 한번 살아보자. 단 한 번의 대화도 좋고 하루 동안도 좋다. 자신이 어떤 사람이고 과거에 무슨 일이 있었는지 같은 미리 정해진 이야기가 없다면 어떤 느낌일지 주목한다. '예전'은 버리고 '지금'만 존재하게 하자. 머릿속의 이야기가 없으면 내가 어떤 사람인지(어떤 사람이 되는지) 알아차리게 된다. 자신에 대한 이야기에서 자유로워지는 기분이 어떤지 느껴본다.

자신이 어떤 사람인지 계속 곱씹는 일을 멈추면 놀라운 것을 발견할 수 있다. 나는 내가 생각하는 사람이 아니고 계속 말해온 사람도 아니라는 사실을 알게 된다. 미리 정해진 자아라는 무거운 겉옷이 사라지면 지금 이 순간이 가볍고 생기 넘치고 잠재력으로 무르익어 보인다. 마침내 자신에 대한 이야기 없이 현재를 볼 수 있게 된다.

정크푸드 같은 생각을 곱씹으며 바쁘게 지내기

우리가 문제에 끌리는 이유는 그것이 마음에 무언가 할 일을 주기 때문이다. 문제는 가능한 한 많은 생각을 불러일으키는 활동이자 과제, 자유이용권이며, 해결책을 찾도록 도와주는 용기 있는 노력의 일환이다.

마음에 문제를 주는 것은 개에게 뼈를 주는 것과 같다. 마음은 문제를 분석하고 숙고하고 가지고 놀고 찬성과 반대 목록을 만들고 문제에 대해 이야기한다. 우리가 허락하는 한 (대개는 오랫동안) 문제를 곱씹는다. 크고 흥미로운 문제만큼 마음에게 재미와 힘을 주는 것은 없다. 만약 마음에도 크리스마스가 있다면 마음은 산타에게 문제를 선물로 달라고 소원을 빌 것이다. 그것도 매일!

하지만 삶이 잘 풀릴 때는 마음이 할 수 있는 일이나 해결할 일이 별로 없다. 잘 되어가고 있는 일에 대해 생각하고 감사한 마음을 떠올릴 수도 있지만, 마음이 행복이나 만족감으로 할 수 있는 일은 그리 많지 않다. 행복한 상태에 놓이면 마음은 불안하고 초조해져서 이내 계획을 궁리해낸다. 새롭게 곱씹을 거리를 찾아내 어떻게 하면 한창 잘 되어가는 일이 나빠지거나 사라지는 것을 막을 수 있을지 생각하느라 바빠진다. 좋은 것들이 사라져버리면 어떻게 될지 생각한다. 그렇게 되면 얼마나 끔찍할지를. 그래서 마음은 좋은 상황을 계속 이어가기 위해 우리가 해야 할 일에 대해 생각한다. 끝이 없는 길이다. 또 엄청나게 많은 생각거리가 생긴다. 완전히 몰두하여 바쁘게 움직일 수 있으니 마음에는 반가운 소식이다.

그러나 우리가 생각에 익숙해질수록, 생각의 존재를 악마화하지 않는 것이 중요하다. 생각은 그저 경험의 일부분일 뿐이다. 생각은 존재할 수 없다. 생각이 지금 떠오르는 것은 생각의 잘못도 우리의 잘못도 아니다. 부정적인 생각조차도 잘못되긴 했지만 그 나름의 방법으로 우리를 보호하고 방어하고 인도하려는 목표를 가지고 있다. 생각은 그 목표를 달성하는 데 실패할 수도 있고 오히려 우리에게 불리하게 작용할 수도 있다. 그럼에도 우리의 기분을 나아지게 하고 우리를 안전하게 지켜주려는 욕구가 생각에 동기를 부여한다는 것을 우리는 알 수 있다. 역설적이지만 생각과의 관계를 바꾸는 일에는 우리가 분리되고 떨어져 나와야만 하는 생각에 연민을 베푸는 것도 포함된다.

3장   "나는 왜 이 모양일까?"

자기비판과 부정

부정적인 생각에는 엄청나게 많은 유형이 있다. 우리가 관심을 쏟을 만한 스트레스를 일으키는 생각의 고리들이 넘쳐난다. 그러나 부정적인 생각의 선택지가 많은데도 우리는 가장 선호하는 특정한 생각으로 치우치는 경향이 있다.

우리가 가장 좋아하는 생각의 고리는 자신의 문제점을 전문으로 다룬다. 이런 종류의 생각은 너무 인기가 많아서 그 나름의 유명한 작가도 있다. 바로 '내면의 비판자'다. 이 목소리가 머릿속에서 이야기를 들려주는 가운데 우리는 자신의 잘못에 대해 생각하며 1만 시간 이상을 보낸다. 스포츠나 기술을 숙달하는 데 필요한 시간이다. 우리는 자신이 망가지고 부족하고 사랑스럽지 못하고 죄가 있고 못난 사람이라고 말하는 무수한 방법을 찾고 표현하는 전문가다. 자신이 잘못되었다는 사실에 대해 생각하고 실패를 곱씹고 수치심을 부추기고 인생에서 가장 끔찍한 순간을 다시 떠올리는 데 그렇게 많은 시간과 에너지를 기꺼이 쏟는다니 참 이상한 일이다. 정말로 이것이 우리가 가장 하기 좋아하는 생각인 걸까? 정말로 그렇다.

뛰어난 유머 감각을 지닌 지적이고 매력적인 청년 피터는 타인을 쉽게 판단하지 않고 넓은 아량으로 대한다. 분노와 불만은 오로지 자신을 향한다. 자기비판이 매우 심한 피터는 자신에게 (그리고 상담치료사인 나에게도) 자신의 실수와 부족함을 끊임없이 일깨운다. 자신의 본모습이 다른 사람들이 생각하는 것과 전혀 다르다고 말한다. 만약 남들이 그더러 나쁜 사람이라고 하면 제대로 본 것이라고.

우리 사회에서 자기비판은 사람들이 가장 많이 겪는 형태의 부정적인 생각이다. 생각으로 자신을 마구 두들겨 패는 것은 지극히 정상적이다. 오히려 그러지 않으면 이상한 사람이다. 이러한 생각을 해결하는 데 집중하는 책들이 서점을 가득 채우고 있지만, 그 조언들은 좀처럼 문제를 해결하지 못하고 있는 듯하다.

방법이 잘못된 수호자

이상하게 들릴지 모르지만 거의 모든 자기비판적 생각의 시작에는 어떤 형태의 긍정적인 의도가 자리한다. 비록 뒤틀리고 결함이 있거나 시대에 뒤떨어졌더라도 말이다. 나는 이 규칙의 예외를 거의 보지 못했다. 피터에게 만약 실패를 되짚는 것을 그만두면 어떤 위험을 감수하게 되는지 물었다. 그는 자기비판 덕분에 일을 해낼 수 있으며 그것이 사라지면 분명 게을러질 것이라고 말했다. 자신의 결점을 지적하는 일을 멈추면 결점을 잊고 오만해져서 결점이 행동으로 나타나기 시작할 것이라고 확신했다. 그의 부정적인 생각에 담긴 긍정적인 의도는 그런 생각이 그를 더 나은 사람으로 만들고 타고난 부족함으로부터 보호해준다는 믿음에서 탄생했다. 이렇게 볼 때 부정적인 생각의 목적은 그를 도와주는 것이었다.

자기비판적인 생각 뒤에 어떤 믿음이 존재하는지 확인해보면 아주 획기적인 결과가 나타날 수 있다. 일단 그 믿음을 볼 수 있게 되면 그것을 풀어내고 잘못된 본질을 파헤치고 힘을 빼앗을 수 있다. 나는 피터에게 스스로를 향한 공격이 더 많은 것을 성취하도록 동기를 부여한다는 그의 이론을 한번 시험해보겠냐고 물었다. 몇 주 후 미소 짓는 얼굴로 다시 찾아온 그는 놀라운 것을 발견했다고 말했다. 피터는 잘못을 떠올리는 일을 멈추자 더 자유롭고 가볍고 행복해진다는 사실을 알아차렸다. 그 결과, 더 많은 일을 할 수 있었고 생산성이 올라갔다. 그는 5톤이나 되는 겉옷을 벗은 느낌이라고 말했다. 피터는 새로운 경험을 할 때마다 자기비판이 틀렸음을 증명하는 시험이자 다시 실패하지 않을 기회라는 마음으로 접근하는 것이 아니라, 그저 눈앞의 일에 집중하기만 하면 된다는 허락을 얻었다.

피터는 자신의 비판적인 생각이 자신을 채찍질하기 위해 존재한다고 여겼었다. 그가 제대로 해내려면 채찍질이 필요하다고. 하지만 피터는 두려워했던 것과는 정반대로 비판적인 생각이 없으면 오히려 에너지와 좋은 아이디어가 넘친다는 사실을 발견했다. 부정적인 생각을 믿지 않게 되자 피터는 제대로 살 수 있게 되었다. 현재에 머무를 수 있도록 자유로워졌다. 사실 채찍질은 필요하지 않았다. 당신의 이야기가 사실인지 아닌지 알아낼 기회를 허락한 적이 있는가? 자신에게 그런 기회를 줄 의향이 있는가?

자신에게 물어보자

자신에게 가하고 있는 구체적인 비판이나 판단이 무엇인지 찾아보자. 자기비판적인 생각의 이면에 어떤 믿음이 자리하고 있는가? 이 판단을 내려놓으면 무슨 일이 일어날까 두려운가? 이 생각이 없다면 내가 어떤 사람이 될지 두려운가? 이 생각은 나에 대한 어떤 이야기를 뒷받침하는가? 누구에게서 나온 이야기인가?

자기비판적인 생각을 어디에서 얻었고 그 생각의 목적이 무엇이었는지 생각해보면서 하나씩 풀어나가면 그 여행 가방을 길가에 그냥 놓아두거나 애초에 그것을 준 사람에게 돌려줄 수 있다. 그 생각이 사라지면 내가 어떤 사람이 될지 생각해본다. 지금이 그 부정적인 모습의 내가 저질렀다고 생각하는 죄와 실수에 대해 자신을 용서할 때다. 그 고리를 끊어야 한다. 나를 안전하게 지켜주는 줄 알았던 그 생각을 놓아줄 때다. 당신은 어떤 사람이 되고 싶은가? 지금부터 그 사람이 되자.

실망하지 않기 위해 미리 실망한다

자기비판적인 생각은 그 나름의 논리적이지 못한 방법으로 우리를 부정적인 감정으로부터 보호하려는 시도다. 우리는 자신에게 말한다. 원하는 것을 얻지 못할 것이고 그런 기대도 할 수 없으며 심지어 시도조차 하지 말아야 한다고. 일이 잘 풀리지 않을 경우에 느낄 실망과 수치심, 무력감으로부터 자신을 보호하기 위해서다(반드시 실패할 게 분명하니까). 실패를 준비하기 위해 미리 실패할 것이라고 생각한다. 한마디로 실망과 자기혐오로부터 자신을 지키기 위해 실망과 자기혐오를 미리 경험하도록 강요한다. 하지만 원하는 것을 얻지 못할 것이라는 생각은 정말로 원하는 것을 얻지 못하게 막는다. 우리는 일찌감치 경쟁을 그만둬 버리거나 완전히 그만두지는 않더라도 자신을 짓눌러 목표 달성 가능성을 낮추는 부정적인 생각의 무거운 배낭을 메고 참여한다. 실패했을 때 느낄 감정들로부터 자신을 지키려고 할수록 실패에 더 가까워진다.

우리는 현실의 시나리오가 펼쳐지기 전에 실망과 실패에 대한 가정을 끼워 넣음으로써 의무적인 리허설을 통해 부정적인 감정을 미리 훑어본다. 그리고 때가 되었을 때 정말로 원하는 것을 얻지 못하면 리허설이 아닌 실전에서 그 감정을 다시 느껴야 한다. 미리 느끼고 연습했으니 실전에서는 덜 아플까? 그렇지 않다. 미리 실패를 준비하면 결국은 고통을 추가로 느낄 뿐이다.

왜 우리는 부정적인 감정을 한 번이 아니라 굳이 두 번 경험하려는 걸까? 어쩌면 아예 경험하지 않을 수도 있는데 말이다. 과연 실전에서 실망과 수치심을 한 번이라도 경험하게 될지 왜 그냥 지켜보지 않는 걸까? 상상이 아닌 진짜 현실에서 굳이 그런 감정을 느껴야만 하는 경험이 찾아오면 그때 느끼지 않고?

우리가 실패할 것이라고 스스로에게 말하는 이유는 무슨 일이 일어날지 모른다는 불안감을 통제하려고 애쓰기 때문이다. 일단 성공하지 못하리라고 판단하면 모르는 문제가 하나는 해결된다. 부정적인 결론을 끼워 넣었으니 아직 쓰이지 않은 알 수 없는 시나리오 속에서 살 필요가 없다. 성공하지 못하리라고 생각하면 사건이 종결되고 불안(그리고 불확실성)을 피할 수 있다. 이렇게 보면 내면의 비판자가 불확실성으로 인한 불편함에서 벗어나도록 우리를 도와주려고 하는 것임을 이해할 수 있다.

자신을 낙담시키는 부정적이고 해로운 생각의 해독제는 진실을 짚어보는 것이다. 우리는 미래가 어떻게 될지 모른다. 원하는 것을 얻을 수 있을지 없을지 알지 못한다.

자신에게 물어보자

실망이나 수치심을 경험하는 연습을 더 하고 싶은가? 불확실함에 마음을 열고 무슨 일이 일어날지 모른다는 사실을 인정하겠는가? 확실한 진리는 미래가 불확실하다는 사실뿐이라는 것을? 이야기의 대본이 아직 쓰이지 않았다는 사실을 받아들일 것인가?

기억하자. 당신은 지금 당신의 인생 이야기를 쓰고 있다. 생각하는 대로 만들어진다. 상상의 실패를 만들어내기보다 아직 모른다는 사실을 떠올려야 한다. 미래에 무슨 일이 일어날지는 아무도 모른다는 것을. 아직 쓰이지 않은 알 수 없는 이야기에서 도움이 되는 것은 해야 하는 일에 최선을 다하고 원하는 사람이 되어 그 불편함 속에서 살아가는 용기를 내는 것이다. 상상에 불과한 답이 없어도 미지의 순간을 살아갈 수 있다.

현재 상태를 유지하려고

자기비판적 사고는 현재 상태를 지키고 유지하기 위해 비밀스럽게 만들어지기도 한다. 배우 멜라니를 처음 만났을 때 그녀에게는 그녀가 별로 뛰어나지 않은 그저 그런 배우라고 말하는 강력하고 약삭빠른 내면의 비판자가 있었다. 그 비판자는 중요한 배역을 맡을 기회가 생기면 그녀가 특별하지도 않고 스타 재목도 아니라는 생각을 마구 발사했다. 그녀가 평균 정도는 되고 열심히 노력하긴 하지만 '진짜 배우'는 아니라고 속삭였다. 멜라니가 자신에 대한 생각을 바꾸려고 하면 그림자 속에 있던 생각들이 마구 달려들었다. 하지만 내면의 비판자가 하는 이야기가 그녀의 성격이나 재능, 사람들의 반응과 전혀 일치하지 않는다는 것은 분명한 사실이었다.

영리하게도 생각은 멜라니가 재능이 없다고 비난하지 않았다. 내면의 비판자가 내놓는 이야기는 매우 미묘하고 서서히 은밀하게 퍼져나가는 경향이 있어서 처음에는 부정적이라는 생각조차 들지 않았다. 나는 멜라니에 대해 좀 더 알게 되면서 (그녀의 이야기를 통해) 역시 배우인 그녀의 어머니가 많은 관심을 필요로 하고 "언제나 빛나는 사람"이라는 사실도 알게 되었다.

나는 그녀가 성공해서 유명해지고 특별한 사람이 된다면 어머니와의 관계가 어떻게 될지 물어보았다. 멜라니는 고개를 저으며 길게 한숨을 내뱉더니 말했다. "어머니가 딸 때문에 조연으로 밀려나는 것을 감당할 수 없을 것 같네요." 잠시 후 더 심각하고 슬픔 어린 얼굴로 그녀는 그런 일을 상상조차 할 수 없다고 덧붙였다. 가족 중에 스타가 한 명 더 있을 자리는 없었다. 멜라니의 생각은 그녀를 상상할 수 없는 그 시나리오로부터 보호하는 방법을 찾아냈다. 표면적으로 어머니는 딸의 연기 생활을 지지하는 것처럼 보였기에 멜라니의 성공은 어머니의 역할을 크게 위협할 것이 분명했다. 결과적으로 딸을 지지하고 사랑하는 어머니의 역할을 위협하게 될 터였다. 멜라니는 어머니와 성공적인 커리어를 둘 다 가질 수 없다는 사실을 알고 있었다. 그녀의 생각은 어머니를 선택하는 쪽을 지지했고 그녀가 가장 필요로 하는 것을 얻도록 해주었다.

우리의 부정적인 생각은 상처를 주고 파괴적일 수도 있지만 심오한 지혜를 담고 있기도 하다. 보통 지금보다 어리고 심리적으로 성숙하지 못한 나에게서 나온 지혜다. 인식, 통찰력, 자원이 부족했던 시기에 꼭 필요했던 대응 기제다.

자신에게 물어보자

나에 대한 생각에 영향을 주는 어린 시절의 경험이나 가족관계는 무엇인가? 그 생각이 현재 상태, 똑같은 나를 유지해주는가? 아직도 이런 생각이 뒤에서 나를 대신해 움직여줘야 할 필요가 있는가? 내가 아직도 이 현실을 원하는가?

중요한 것은 생각이 뿌리 깊은 믿음에 영향을 받는다는 사실을 인지하고 그것이 여전히 자신에게 가장 이로운지 알아보는 것이다. 생각의 뿌리가 발견되면 선택과 행동이 더 명확해지고 쉬워진다.

내면의 부정적인 보호자

자기 공격적인 생각은 어린 시절 보호자에게서 들은 말을 그대로 자신에게 반복하는 것일 수도 있다. 자신에 대한 보호자의 부정적인 생각을 내면화한 뒤, 적절하고 마땅하다고 배운 방식대로 계속 자신에 대해 말하고 생각한다. 만약 어릴 때부터 자신이 원망과 비난의 말을 듣는 것이 당연하고 친절하게 대할 가치가 없는 사람이라고 믿도록 배웠다면 스스로에게도 그런 식으로 말하고 대하게 된다.

우리는 부정적인 보호자의 말과 감정을 내면화하고 반복함으로써 보호자와의 관계를 유지한다. 자신에 대한 부정적인 생각을 믿도록 가르친 사람들의 선택과 행동을 자세히 들여다보지 않는다. 그렇게 함으로써 보호자를 계속 좋은 사람으로 남겨두고 자신을 비난할 수 있다. 나를 사랑해야 하는 존재인 보호자가 잘못되었거나 심각한 결함이 있다는 것은 생각만으로 너무 고통스러우며 받아들이기가 어렵기 때문이다. 그들이 말하는 나의 모습을 그대로 받아들이면 그들의 말과 행동이 부당하거나 사실이 아니거나 불친절하거나 나를 지지해주지 않거나 도움이 되지 않을지도 모른다는 사실을 인정할 필요가 없어진다. 나를 사랑해주었으면 하는 사람이 나를 사랑하지 않을 수도 있다는 진실을 마주할 필요가 없다. 어린 시절에 영향을 준 사람의 부정적인 목소리를 받아들

임으로써 우리는 부정적인 생각의 근원에 있는 부당함이라는
비극을 경험하지 않아도 된다.

연습법

자비로운 목소리

자신에 대한 무엇이 진실이라고 생각하든, 무엇을 믿도록 배웠든, 그 이야기를 믿고 살아가는 것이 어떤 느낌인지 잠시 느껴본다.

1. 가슴에 손을 얹고 자신에 대한 부정적인 생각을 믿기 시작한 무렵의 자신을 떠올린다.
2. 이 연습은 당신이 비판받아야 마땅한지, 그 비판이 타당한지 살펴보지 않는다. 자신과 이런 관계를 지속해오면서 어떤 기분이었는지 느껴보려는 것이다. 어떤 기분인가?
3. 그 아이, 즉 어린 시절의 나에게 말을 걸 수 있다면 무슨 말을 하고 싶은가? 아이는 무슨 말을 듣고 싶어 할까? 그 당시에

어떤 말이나 행동이 도움 되었을까?

4. 지금의 나에게는 어떤 말이나 행동이 도움이 될까?

이 연습의 목표는 과거와 지금 평가와 비판을 받는 나, 심지어 비판받아 마땅하다고 배운 나에게 친절해지는 방법을 배우는 것이다.

지금까지도 자신에 대한 부정적인 생각이 마땅하다고 느끼고 있다 해도 자신이 나쁘고 부족하고 망가졌다는 믿음을 안고 살아가야 하는 자신에게 조금의 친절이라도 느낄 수 있다면, 비판적인 생각과 새로운 관계를 쌓는 길로 꾸준히 나아갈 수 있다. 비판적인 생각이 들면 공격자의 말에 동의하면서 덥석 생각에 달려들지 말고, 자신과 동일시하는 대상을 바꾼다. 공격하는 사람에서 공격받는 사람으로. 이렇게 새로운 관점에서 바라보면 자기 공격적인 생각은 더 이상 환영받지 못하고 용납될 수 없다는 것이 분명해진다.

사실인가?

자기비판적인 생각이 하는 말을 주의 깊게 들어보면 거의 대부분 거짓말이라는 것을 알아차릴 수 있다. 나의 말과 행동, 처신, 궁극적으로 내가 평가하는 나와도 맞지 않는 이야기다. 평소 자신에 대해 습관적으로 하는 말 중에는 사실 동의할 수 없는 부분이 많을 것이다.

내면의 비판적인 목소리가 하는 말이 전적으로 사실이고 거기에 반박할 수 없다는 생각이 든다면 또 무엇이 사실인지 따져본다. 만약 부정적인 생각이 내가 이기적이고 자기중심적인 사람이라고 말한다면 너그럽게 아량을 베풀 때도 있는지 찾아본다. 분명 이기적이거나 자기중심적이지 않았던 때가 떠오를 것이다.

생각의 고리에 걸리면 좋거나 나쁘거나 둘 중 하나라는 흑백 논리에 빠진다. 하지만 사람은 누구나 선하면서도 악하고 사랑스러우면서도 사랑스럽지 않은 법이다. 인간이기에 모순이 작용한다. 따라서 관점을 넓혀 좀 더 다양하고 현실적이고 (감히 말하자면) 너그러운 시각으로 자신을 바라봐야 한다. 작은 한 조각이나 순간이 아니라 전체 그림을 봐야 한다. 고정된 지점에서 고개를 돌려 다른 곳을 바라본다고 생각하면 된다.

당신은 인간이기에 어쩔 수 없이 불완전하다. 자기비판적인 사고와 자신을 동일시하면 있는 그대로의 자신이 될 권리를 스스로 빼앗고 인간의 본성을 비난하는 것이다. '현실'이라고 불리는 정복할 수 없고 무관심한 적과 싸우게 된다. 인정하든 부정하든 당신은 최선을 다하며 살아가는 완성되지 않은 존재다. 그렇기에 다른 날이 되면 그것이 최선이 아닐 수도 있고 머릿속에서 상상한 최선이 아닐 수도 있다. 당신이 무엇을 하든 그 순간에는 최선이다. 다르게 할 수도 있었지만 어쨌든 그 순간에 당신이 한 말이고 행동이기 때문이다. 더 나은 선택지를 알고 있었어도, 마음 깊은 곳에서 나쁜 선택이라는 것을 알았어도 스스로 내린 선택이다. 더 현명한 선택을 할 준비가 되지 않았거나 할 수 없었다. 아직 당신의 능력 밖이었다.

자신이 최선이라고 생각하거나 아는 것이 최선이 아니라, 수행할 수 있는 능력과 힘이 있는 것이 최선이다. 어떤 순간이든 최선은 우리가 알거나 생각하는 것이 아니라 실제로 무엇을 하느냐에 따라 결정된다. 우리는 결점이 있는 존재이기에 자신이 되고 싶거나 될 수 있는 사람과 어울리지 않는 행동을 하기도 한다. 실수를 저지르거나 어떤 식으로든 표적을 빗나갔을 때 스스로 실수를 확인하고 헤아리는 것이 중요하다. 어떤 생각과 믿음이 실수로 이어졌는지, 실수에서 무엇을 배워야 하는지 살펴봐야 한다. 실수를 인정하고 책임지고 필요하다면 보상하고 다음으로 넘어가면 된다.

다시 한번 말하겠다. 실수를 인정하고 책임지고 필요하다면 보상하고 다음으로 넘어간다. 실수를 그저 있는 그대로 받아들인다. 거기에 이야기를 더하거나 확장해서 자존감을 깎거나 자신이 나쁜 사람이라는 증거로 만들지 않는다. 실수는 꼭 마음의 암살자가 되지 않아도 된다. 실수는 스스로를 더 잘 인식하고 아직 진행 중인 존재로서 계속 발전해나가는 기회가 될 수 있다. 실수는 단순히 실수이고 궁극적으로 교훈이 될 수 있다.

부족하다고 나쁜 사람인 것은 아니다. 이미 알고 있겠지만 당신이 부족하다는 사실은 단순히 당신이 불완전한 존재임을 확인해줄 뿐이다. 우리는 다른 방법이 없는데도 자신의 본질에 대해 스스로를 용서하지 않으려고 한다. 자기비판적인 사고에서 벗어나려면 인생의 목표가 완벽이 아니라 발전이라는 사실을 자주 떠올려야 한다. 실수했다는 사실은 중요하지 않다. 그것은 일시적인 문제이고 시작점일 뿐이니까. 실수를 어떻게 다루고 발전을 이루어서 앞으로 용감하게 움직이는지가 중요하다. 앞으로 이 책에서 집중할 부분이기도 하지만 결국 자기 인식을 키우는 것이 중요하다. 우리가 실수를 한탄하며 보내는 매 순간은 우리가 버린 또 다른 삶의 순간이자 낭비한 기회다. 다른 방식으로 행동하고 원하는 모습의 내가 될 수 있었는데 말이다.

그들이 뭐라고 할까?

우리는 말벌 둥지 안에서 자기비판적인 생각에 쏘였을 때 친구를 초대할 수 있다. 우리를 사랑하는 사람, 친구나 신뢰할 수 있는 선생님이 그 순간 우리에게 뭐라고 말할지 상상해보면 된다. 다른 사람의 눈으로 나를 바라봄으로써 자기비판적인 생각의 고리에서 벗어나기 위해 필요한 친절이나 공정함이 생겨날 수 있다.

친절한 목소리를 초대하라

생각의 고리에 걸려버린 순간에는 애정 어린 시선이나 사실적인 관점으로 자신을 바라보기 어려울 수 있다. 그러니 믿을 만한 타인이 나에게 뭐라고 말할지 상상해보자. 우스꽝스럽거나 사실이 아닌 것처럼 보여도 그 목소리를 한번 들어보자. 자신만의 생각에서 벗어나 자비롭고 균형 잡힌 자신을 초대하는 행위는 마음의 분위기를 변화시키고 자기비판적인 생각의 고리를 끊어줄 수 있다.

1. 가슴에 손을 얹고 숨을 깊게 들이마신다. 비판적인 생각을 다시 느껴본다.
2. 나를 사랑하는 사람을 떠올려본다. 살아 있든 이미 세상을 떠

났든 관계없다. 지금까지 살면서 사랑받는 느낌을 느끼게 해 준 사람, 내가 잘되고 행복해지기를 원하는 사람이면 된다. 그들이 나에게 느끼는 친절과 사랑을 마음으로 초대한다. 내면의 비판자가 하는 말에 그 친절을 가득 쏟아붓는다고 상상한다.

3. 속으로 말한다. "친절함을 느껴봐. 사랑받는 기분을 느껴봐. 행복해지자."

가능하면 이 말을 큰 소리로 반복한다. 글로 적는다. 그 사람들의 이름을 적어 주머니에 넣고 다닌다. 이 방법으로 자신과 관계 맺는 새로운 방법을 배울 수 있다.

우리는 처음부터 자기혐오적인 생각을 가지고 태어나지 않는다. 자기혐오는 학습된다. 배우는 것이다. 자기비판의 말에 동의하고 편드는 자신을 발견하면 멈추고 인정하라. 지금까지 나를 비판한 사람은 바로 나였고 나에게 영원히 불친절하게 대하는 선택을 하고 있다고. 자기 공격이 전혀 자연스러운 일이 아니라는 사실도 떠올려야 한다. 그러지 않아도 된다. 그럴 이유가 없다.

이러한 학습된, 자신 비판적인 관계의 비극을 깨닫는 것이 자기비판에서 해방되는 진정한 길이다. 정말로 자신을 아끼고, 아파하는 자신의 모습에 가슴이 찢어지면 더 이상은 자신을 괴롭힐 수 없다. 절대로 불가능해진다. 자신의 경험에 대한 자비는 해로운 생각의 진정한 해독제다.

4장   **"다른 사람들이 문제야!"**

불만, 분노, 원망

어느 날 어느 순간에 내 주의가 어디로 향하는지를 스냅 사진으로 찍어본다면 어떨까? 주변 사람들과 장소, 사물을 어떻게 통제하고 바꿀지에 대한 생각으로 향해 있을 가능성이 크다. 우리는 자신이 원하는 대로 삶이 나아가지 못하게 만드는 사람과 장소, 일을 곱씹는 것을 좋아한다. 자신의 불만에 대한 모든 책임을 되새기는 것을 즐긴다. 이것은 마음에 들지 않는 일에 대해 분노하고 원망할 대상을 찾는 부정적인 생각의 고리다. 한마디로 불만이다.

예전에 나는 이런 부정적인 생각 모드를 가장 즐겼다. 지금도 생각의 소용돌이에 빠질 때는 부정적인 생각을 가장 많이 하게 된다. 나는 신경 쓰이는 상황이나 사람을 곱씹는 데 많은 시간을 할애했다. 누가 내 행복을 막는지, 내가 어떻게 해야 하는지, 어떻게 고칠 것인지. 왜 나의 좌절과 분노, 불만이 정당한지를 증명하려고 마음의 법정에서 수없이 싸웠다.

무엇이 마음에 안 들고 어떻게 바꿀지에 대한 생각의 쓰나미 속에서 길을 잃어 현재에 집중하지 못하고 인생의 많은 부분을 그냥 흘려보냈다.

남을 원망하는 것이 가장 해롭다

마음에 들지 않거나 동의할 수 없는 상황이 발생할 때마다 우리는 '바로 그 문제'라고 확신한다. 우리가 느끼는 고통의 핵심이라고 말이다. 이 문제를 해결하고 통제할 수 있다면, 남들을 이해시킬 수 있다면, 남들이 이 상황에서 잘못하고 있는 것을 바꿀 수 있다면 나는 행복하고 자유로워질 것이고, 그러면 더 이상 상황을 통제하고 고쳐야 할 필요가 없어지니 다 괜찮아질 것이라고 생각한다. 모든 불만이 다 문제라고 생각해서 수많은 불만 중 어느 것도 내려놓지 않으려고 한다. 절대로 근본적인 문제에 다가가지 못한다. 상황을 통제하거나 고치려는 시도를 멈출 수 있는 시간은 결코 오지 않는다.

비난과 원망의 고리 안에 갇히면 자신에게 고통을 주는 것이 무엇인지에 대한 믿음이 강해진다. 나는 옳고 남은 틀렸다는 생각이 확고해진다. 한마디로 마음에 지옥이 만들어진다. 자신이 무조건 옳다는 생각으로 분노와 불만족, 피해의식의 철창이 만들어져 그 안에서 살아야 한다. 우리는 자신의 주장이 옳았음을 빈틈없이 증명했지만 행복을 희생시켰다. 다른 사람, 상황, 또는 기관이 정말로 잘못했을 수도 있지만, 누구의 잘못이건 고통받는 것은 결국 우리 자신이다. 상대방이 연기를 들이마셔 호흡 곤란으로 죽기를 바라며 자신에게 계속 불을 붙이는 것이나 다름없다.

고통을 없애기 위한 끝없는 탐색

우리가 스스로를 고통으로 몰아넣어서 이루려고 하는 것은 무엇일까? 이 고통스러운 과정에 과연 긍정적인 의도가 있을까? 있다. 불만을 강박적으로 곱씹는 것은 기분을 좋게 하려는, 결함이 있지만 원시적인 행동이다. 우리는 싫어하는 일과 사람에 대해 끊임없이 생각하고 말하면서 사건을 이해하고 감당할 수 있는 이야기로 만들려고 한다. 반복 재생을 통해 부정적인 상황을 받아들일 수 있는 것으로 바꾸려고 노력한다. 괜찮지 않은데 괜찮아지려고 애쓰면서.

또한 불만은 자신에게 힘을 실어주려는 시도이기도 하다. 억울하거나 잘못된 대우를 받았다는 생각이 들거나 끔찍한 기분이 들어서 자신이 얼마나 잘못된 대우를 받고 있는지 분노하고 요란하게 거드름을 피우는 것이다. 이것은 자신이 더 나은 대우를 받을 자격이 있다는 것을 자신은 물론 다른 사람들에게 증명하는 방법이다. 나는 중요한 사람이니까 이런 취급을 받으면 안 된다고. 끝까지 불가능할 수도 있지만 자신에게 증명할 수 있을 때까지 거듭 생각한다. 스스로가 작아지고 삶이 불공평하게 느껴지면 원망할 대상을 찾는다. 나는 옳고 남들은 틀렸다고. 피해자가 된 기분을 덜 느끼고, 자신을 더 크고 좋은 사람으로 느끼려는 것이다.

　불행을 곱씹는 것은 상처를 억누르고 구분하려는 시도이기도 하다. 만약 상처와 분노를 포장지로 쌀 수 있다면 상자에 깔끔하게 넣어 선반에 올려놓을 수 있을 것이다. 왜 무엇 때문에 기분이 상하는지 이해하고 설명할 수 있다면 속상한 기분이 덜할 것이다.

　우리는 이렇게 자신을 괴롭히면서 불평의 토끼굴 속 어딘가에서, 어쩌면 그 밑바닥에서 간절히 원하는 안도감을 찾을 수 있다고 믿는다. 하지만 상처를 긁을수록 더 가렵고 피도 난다. 안도감을 찾아 토끼굴 아래로 깊이 뛰어들수록 오히려 더 멀어지기만 한다.

기본적으로 인간은 자신을 괴롭히는 것에 집착하도록 프로그래밍되어 있다. 영적 지도자 에크하르트 톨레의 말처럼 우리가 불만을 원하는 것을 손에 넣는 것과 연관 짓기 때문이다. 아이가 마구 떼를 쓰면 상황에 변화가 일어난다. 충분히 오랫동안 또는 강력하게 불평하면 보통 부모가 지쳐서 아이는 원하는 것을 얻을 수 있다. 우리는 어른이 된 후에도 같은 틀 안에서 행동한다. 충분히 불평하면 결국 상황이 바뀔 것이다. 어쩌면 우주나 신 혹은 관련된 사람이 우리를 위해 상황을 더 좋게 바꿔줄 것이다. 과거에 그랬던 것처럼 말이다. 하지만 이제 우리는 행운을 다 써버렸다. 우리가 싸우는 대상은 더 이상 부모가 아니고(부모는 우리의 불행을 신경 쓰거나 적어도 계속 듣고 싶어 하지 않는다), 우리가 호소하는 대상은 현실이다. 게다가 현실은 우리의 불평에 관심도 없고 아무리 불평해도 지치지 않는다. 자신과 현실에 대한 끝없는 불평은 우리의 내면에 그대로 남으며 상황 개선에 아무런 쓸모가 없다.[10]

불만을 곱씹는 것은 자신의 고통을 알리고 이해받으려는 시도다. 우리는 불공평하다고 느끼는 생각을 강박적으로 떠올림으로써 한눈팔지 않고 불평을 들어줄 무조건적인 관객을 자신에게 제공한다. 정작 우리의 불평에 신경 써야 하는 사람은 아니지만 말이다. 우리는 자신의 고통을 들어줌으로써 스스로에게 확인과 걱정, 긍정, 궁극적으로 사랑을 준다.

우리는 아무리 들어도 절대로 지치지 않는 존재에게 불만과 속상함을 터뜨리며 비탄에 젖는다.

끊임없는 불만의 의도가 아무리 긍정적이라도 그것이 과연 우리의 목표를 성취해주는지 자세히 살펴보는 것이 훨씬 유익하다.

자신에게 물어보자

아픔에 대해 생각하면 정말로 아픔을 인정받는 것처럼 느껴지는가? 불공평한 일에 대해 생각하면 더 큰 힘을 얻은 것처럼 느끼는가? 불만에 대해 생각하면 불만으로부터 해방되는가? 분노에 대한 생각이 분노를 좀 더 평화로운 감정으로 바꿔주는가?

분명히 절대 그렇지 않다는 답이 나올 것이다.

속으로 현실과 싸운다고 현실이 바뀌진 않는다

그리스 신화에 나오는 시시포스는 무거운 바위를 산 정상까지 밀어 올리면 바위가 다시 아래로 굴러떨어져 영원히 똑같은 일을 반복해야 하는 형벌을 받았다. 우리 인간은 모든 것이 원하는 대로 되는 삶을 추구한다. 하지만 시시포스처럼 산의 정상에 오르지 못하거나 전적으로 만족스러운 삶을 만들지 못한다. 하나가 만족스러우면 다른 하나가 무너지고 그렇게 인생은 흘러간다. 나쁜 소식은 인생에는 기쁨과 슬픔, 짜증과 만족이 항상 함께 있기 마련이라는 것이다. 좋은 소식은 마음이 바뀌면, 생각과의 관계가 바뀌면 우리가 삶을 경험하는 방식도 바뀐다는 것이다.

주의가 바깥으로 집중되어 우리를 불행하게 만드는 것만 생각하면 외부 환경에 대한 바람직하지 못한 의존이 지속된다. 행복이 상황에 좌우된다는 믿음은 끊임없는 무력감과 좌절, 연약함을 느끼게 한다. 외부 현실은 절대로 통제할 수 없기 때문이다. 내적인 고통의 원인이 바깥세상에 있다고 확신하면 삶이 뜻대로 흘러가도록 지휘하기 위해 모든 사람과 모든 것을 통제하려고 필사적으로 애쓰게 된다. 하지만 그런 삶은 존재하지 않는다. 외적인 문제에만 집중하는 한 불행은 영원히 계속될 뿐이다.

내가 아는 절대적인 진리가 하나 있다. 그것은 바로 현실과 싸우면 100퍼센트 현실이 이긴다는 것이다. 우리는 현실과 싸울 때 불만을 무기로 사용한다. 역시나 현실이 항상 이기고 우리가 진다.

마음속에서 현실과 아무리 싸운들 현실이 바뀌지 않았고 앞으로도 마찬가지라는 사실을 깨달을 때, 불만 가득한 생각으로부터 자유로워질 수 있다. 현실과 맞서 싸우는 공격적인 상태로 살아가는 것을 그만두면 수용과 평화를 발견하게 된다. 마음에 들지 않는 삶을 바꾸려고 노력하는 것을 그만두라는 말이 아니다. 좋든 싫든 지금 삶의 상태가 현실이라는 사실에 맞서 싸우는 일을 그만두어야 한다는 뜻이다.

표면적으로 당신을 괴롭히는 것은 무엇이든(아무리 혹하게 만드는 문제라도) 내면에서 당신을 위협하는 무언가로 들어가는 문이다. 생각의 목소리(원망의 대상)에서 주의를 거두고 자신과 경험으로 향할 때 생각과의 관계가 변화한다. 다른 무언가나 사람을 탓하는 것에서 자신을 탓하는 것으로 바꾸라는 말이 아니다. 괴로운 생각을 자신의 감정이나 두려움과 마주하고 실질적인 문제에 대한 이해를 키우는 기회로 사용하라는 것이다.

불만족스러운 새로운 대상이 고통을 일으키는 원인이 아니라는 사실을 받아들이면 피해자라는 생각이 줄어들므로 고통도 덜해진다. 남이 문제이고 내 괴로움의 원인이므로 남이 변해야만 내가 괜찮아진다는 믿음을 버리면 남이 문제 되는 일도 사라진다.

불만이나 원망 가득한 생각이 떠오르면 불행의 원인이라고 생각되는 대상으로부터 주의를 다른 곳으로 돌린다. 안을 바라본다.

이 상황 또는 사람이 나에게 어떤 감정, 상처, 두려움을 일으키는가? 이 상황이 굴욕, 무능감, 상실감을 일으키는가? 내가 사랑받지 못하고 존재감도 없고 중요하지 않은 존재라고 느끼게 하는가? 어떤 기분을 느끼게 하는가? 이 기분은 무엇을 떠오르게 하는가?

———————————————————————

우리는 고통을 경험하는 것이 아니라 경험에 고통을 준다.[11] 우리를 고통스럽게 하는 것은 상황이 아니다. 실제로 사람들이 겪는 잔혹한 경험을 과소평가하려는 것이 아니다. 혹독하게 어려운 상황이 있을 수 있다. 나도 너무 고통스러워서 극복할 수 있을지 확신할 수 없는 상황을 겪었고, 다른 사람들이 그런 상황을 헤쳐나가도록 동행해주기도 했다. 무엇보다 우리가 괜찮은지 괜찮지 않은지, 지속적으로 고통받는지 아닌지를 결정하는 것은 우리가 상황과 상호작용하는 방식이다. 이것은 궁극적으로 우리가 경험과 맺는 관계를 반영한다.

불만은 스승이다. 고통의 진짜 이유가 무엇인지, 어디에서 진정한 자유를 찾을 수 있는지를 알려준다. 만족은 누가 혹은 무엇이 만족을 가로막고 있는지에 대한 집착을 멈추고, 누가 혹은 무엇이 뭘 하든 간에 만족을 만들어가는 일에 몰두할 때 찾아온다.

이웃집 앞까지 청소하지 않고 내 집 앞에만 관심을 기울이면 마음에 들지 않고 달라졌으면 하는 삶이라도 만족할 수 있다. '문제'에 대해 너무 많이 생각하지 말라. 다른 사람들까지 전부 다 고려하면서 불만의 원인을 진단하고 고치려 할 필요가 없다. 대신 자신의 반응과 태도에 초점을 맞춘다. 전부 마음에 들기만 할 수 없는 세상이지만 어떻게 살아가고 싶은지에만 집중하라. 그러면 그 누구도, 그 무엇도 바꾸지 않고 좋은 삶을 만들 수 있다.

그러면 난제는 오히려 기회가 된다. 습관적인 패턴에서 벗어나 새로운 시도를 하고 다른 사람이 될 수 있다. 문제 있는 상황이나 사람을 오히려 반기게 될지도 모른다. 내가 되고 싶은 최고의 자신이 되는 연습을 할 수 있는 기회니까. 자신에게 주의를 돌리면 힘을 되찾는다. 어떤 삶을 살지 직접 선택할 권리와 존엄성을 되찾는다.

자유를 향한 길에서의 실패

우리가 자유로 가는 길에서 처음 만나는 것은 실패다. 마음속에서 메아리처럼 울려 퍼지는 집착, 되풀이, 곱씹기, 예행 연습, 증명, 대본 쓰기, 통제, 가상의 대화는 우리가 집착적으로 생각하는 관계나 상황을 더 좋게 만들어주는 일이 거의 없다. 진정한 변화를 일으키지 못한다. 사실 곱씹기는 우리가 잘못되었다고 인식하는 것들에 고착되어 있기 때문에 지금 이 순간 실제로 일어나는 일에 주의를 기울이지 못하게 만들어 오히려 관계를 악화시킨다. 우리는 자신을 괴롭히는 것에 대해 생각하는 데 보내는 시간을 통해 과연 무엇을 이룰까? 오히려 자신을 더 성가시게 만들 뿐이다. 가장 먼저 자신을 실망시키고 만다.

문제의 해결책을 찾는 것이 자신을 돕는 일이라는 믿음이 어느 정도 있더라도 당신은 지쳤고 스스로의 모든 생각과 감정이 지루하고 지긋지긋할 것이다. 도저히 똑같은 방법을 이어갈 수 없고 똑같은 이야기를 더 이상 들어줄 수 없을 때 당신은 마음의 결정을 내릴 것이다. 오래된(또는 새로운) 불만이 떠오르는 것을 발견하면 즉시 의도적으로 다른 선택을 내리기로 자신에게 약속하라.

연습법

선택의 순간

생각의 진흙탕 속으로 뛰어들기 전에 잠시 멈추고 다른 선택을 한다. 다음의 단계를 따른다.

1. 불만 가득한 생각이 떠오르면 일단 그것을 확인한다. 내용에 개입하지 말고 불만이 존재한다는 사실만 의식적으로 알아차린다.
2. 덥석 따라가 생각의 기차에 오르면 분명히 괴로울 것이라는 사실을 떠올린다.
3. 부정적인 생각이 아무리 설득력 있고 그럴듯하게 느껴져도 초대를 거절하는 쪽을 선택한다. 소리 내어 말한다. "아니, 난 그 이야기에 관심을 주지 않을 거야."
4. 심호흡한다. 몸의 감각을 확인하면서 호흡한다. 땅을 단단하

게 받치고 서 있는 발에 주의를 기울인다.

5. 이 과정을 계속 반복한다.

부정적인 생각이 꿈틀대는 것을 발견하자마자 그 생각의 힘이 더 커지기 전에 얼른 이 방법을 실시한다. 생각이 오래 웅성거릴수록 그 고리에 걸릴 가능성이 커진다. 토끼굴에서 힘겹게 나와야 하는 일이 또 발생할 것이다. 그러니 최대한 일찍 이 방법을 실행해야 한다. 일관성을 가지고 치열하게 하라.

이 간단하지만 효과적인 연습을 통해 기분 좋은 놀라움을 발견할 수 있다. 즉, 머릿속의 부정적인 생각과 이야기를 외면할수록 더 자유롭고 행복하다는 것이다. 커다란 지혜, 심지어 사랑에 의해 인도되는 것처럼 느껴진다. 자신을 위해, 나의 행복을 위해 간단한 선택을 했을 뿐인데도 은혜의 순간처럼 느껴진다. 그 과정에서 생각과 어떤 관계를 맺을지 선택함으로써 삶을 바꿀 수 있다는 깨달음을 만난다. 누구나 자신이 원하는 대로 내면의 환경을 만들 수 있다.

당신에게는 이 단계를 실행하고 심오한 선택을 할 수 있는 능력이 있다. 부정적인 생각이 문제를 해결해줄 것처럼 너무도 유혹적으로 느껴져서 그것을 외면하는 선택을 가장 먼저 또는 직관적으로 하지 못할 수도 있다. 불행에 자꾸 생각할 거리를 내주는 일을 멈추려면 인식과 확신, 고통을 멈추고 싶은 마음이 필요하다. 다시 말하지만 고통을 멈추고 싶은 마음 말이다. 알지 못하는 영역에 발을 들여놓고 마음의 목소리를 거부한 채로 아직 효과적인지 알지도 못하는 새로운 방법을 시도하려면 용기가 필요하다. 새로운 곳에 주의를 돌리려면 변화에 대한 의지가 중요하다. 앞으로도 계속 그대로이고 싶지 않다는 마음만으로 충분하다.

자유에 눈을 떠라

이것은 자신을 불행하게 만드는 사람이 바로 나라는 사실에 눈을 뜨는 과정이다. 당신은 생각이라는 독을 자신에게 주입한다. 현재가 그럭저럭 괜찮은데도 불만을 적극적으로 주입한다. 이 사실을 완전히 이해하면 지금 이 순간 자신에게 해온 일을 그만둘 수밖에 없다. 강박적인 생각이 행복으로 가는 길이 아니라는 깨우침은 우리를 자유롭게 한다.

마음 깊은 곳 어딘가에는 불만을 버리는 것은 고통을 외면하는 것과 마찬가지라는 믿음이 자리하고 있다. 우리는 불행에 직접 관심을 기울이고 세부적인 사항을 살펴보고 해결할 필요가 있다고 믿는다. 생각하는 것만이 해결책을 찾아 고통을 줄이는 유일한 방법이라고 여긴다. 하지만 틀렸다. 생각을 더 한다고 해서 문제가 해결되지 않는다는 사실을 깨달으면 생각을 내려놓고 자신에게 다른 경험을 제공할 수 있다. 궁극적으로, 통제하거나 바꿀 수 없는 것을 통제하고 바꾸려는 일을 그만두게 된다. 실제로 고통에서 다른 곳으로 주의를 돌리는 것은 자신에 대한 깊은 친절이다. 그것이 공감을 빼앗는 자기 방치라고 생각하겠지만 오히려 그 반대인 자기애의 표현이다.

우리가 자초하는 고통에 대한 해결책은 가능성이 지극히 낮아 보이는 반직관적인 장소에 숨어 있다. 그것은 눈앞의 특정한 문제나 우리가 고쳐야 한다고 생각하는 상황에 대한 해결책이나 아니라, 삶을 경험하는 새로운 방식을 위한 해결책이다. 현실을 바꾸기 위해 필요한 것은 이미 그 자리에 있는 현실로 되돌아오는 것이다. 이 순간은 지금까지 계속 우리를 기다렸는데 우리는 오랜 세월 힘겨운 실패를 겪고 난 뒤에야 현실을 볼 수 있다.

휴식 취하기

현재 씨름하고 있는 문제를 하나 선택한다. 트라우마가 된 경험이 아니라 신경 쓰이는 문제를 고른다.

1. 그 문제를 헤아리려고 애쓰지 않아도 된다고 자신에게 허락한다. 이렇게 말한다. "지금은 이 문제를 해결할 필요가 없어. 다음 올바른 단계를 생각해내지 않아도 돼." 지금 이 순간 뭔가를 고치려는 노력을 완전히 쉰다.
2. 잠깐의 안도감에서 휴식을 취한다.
3. 문제를 해결해야 한다는 의무에서 벗어난 기분이 어떤지 느껴본다.
4. 문제가 사라진 이 공간은 문제 자체가 변해서 생긴 것이 아니라 전적으로 당신이 만든 것이라는 사실을 알아차린다.

부정적인 생각의 토끼굴로 내려오라는 초대를 거절하는 것은 터무니없을 정도로 단순하고 간단해서 답처럼 느껴지지 않을 수도 있다. 원래 마음은 복잡한 것을 선호하고 신뢰한다 (마음과 복잡함은 자연스럽게 잘 통한다). 하지만 이 연습을 실행하려면 고통에서 비롯된 경험과 지혜가 필요한데, 결코 간단하거나 쉽지 않다. 내가 어떻게 불만을 해결할 것인지를 생각하며 수없이 많은 시간을 보낸 후에 알아낸 것이 있다. 더 많이 통제하거나 더 많이 생각한다고 절대로 기분이 좋아지지 않는다는 사실이다. 당신도 이 연습법을 도움 삼아 똑같은 결론에 도달하기를 바란다.

나는 당신이 불만 가득한 생각에서 주의를 돌리고 지금 당신의 발이 서 있는 곳으로 돌아와 삶을 살아가도록 허락한다(그리고 강력하게 제안한다). 그런다고 문제를 회피하거나 부정하며 살거나 쉬운 길을 택하거나 자신을 방치하는 것이 아니다. 스스로 만든 마음의 지옥이 계속되는 것을 멈추고 자유를 선택함으로써 지혜와 자기 자비의 길을 선택하는 것이다.

멈춰야 할 때

문제에서 벗어나는 방법을 찾으려는 강박적인 생각을 멈추면 기적 같은 일도 일어난다. 문제가 별로 큰 문제처럼 보이지 않게 되는 것이다. 더 놀랍게도 전혀 생각지도 못했던 해결책들이 나타나기 시작한다. 토끼굴 깊숙이 들어가 있으면 마음이 아닌 다른 무언가가 자신을 꺼내줄 수 있다고 생각되지 않는다. 배운 대로 생각만을 신뢰하기 때문이다. 하지만 생각이 자유로 데려다주지 않는다는 사실을 마침내 깨닫고 생각을 통해 괴로움에서 벗어날 수 없음을 받아들이고 항복하면 다른 무언가가 나타나 우리가 결코 생각하지 못했던 다른 방법을 보여준다.

하지만 중요한 사실이 있다. 이것은 '행동'으로 불가능하다. 문제에 대해 곰곰이 생각하는 것을 멈추어야만 가능하다.

행동 동기를 떠올려라

간단한 만트라를 읊는다. 만트라는 자주 반복해서 읊으면 도움이 되는 유익한 말이다. 하루에 한 번도 좋고 500번도 좋다. 속으로 혹은 소리 내어 말한다. 이런 식이다.

"난 괴롭고 싶지 않아. 행복해지고 싶어. 평화로운 게 뭔지 알고 싶어. 자유롭고 싶어."

좀 더 적절한 느낌이 나도록 단어를 바꾸거나 줄이거나 늘려도 된다. 하지만 내용이 어떻든 실제로 말하고 실행하는 것이 중요하다. 이것은 고통이 끝나고 행복이 찾아오기를 바라는 소망이다. 자신과의 관계를 바꾸고 나아가 생각을 포함한 모든 것과의 관계를 변화시키는 선물이다.

지금 당신이 새롭고 급진적인 일을 하고 있다는 사실을 기억해야 한다. 문자 그대로 마음의 배선配線을 새롭게 설정하는 것이다. 즉, 뇌의 습관과 경로를 새로 만드는 작업이다. 마음의 배선을 바꾸려면 노력과 확신이 필요하다. 처음에는 자연스럽게 느껴지지 않을 것이다. 마음이 당신을 다시 끌어당겨 문제를 계속 되새겨야 하는 온갖 유혹적인 이유를 생각해낼 것이다. 부정적인 생각은 마음이 항상 해왔던 일이다. 하지만 부정적인 생각을 따를 때마다 매번 어떻게 되었는지를 떠올리면서 끈질기게 거부해야 한다. 불만이 당신에게 정신 차리라고, 의식을 머리에서 몸으로 옮기라고 재촉하는 포스트잇 메모라고 생각해보자. 고통받고 싶지 않다는 것을 기억하라. 당신은 행복해지고 싶다.

| 5장 | **"일이 잘못되면 어쩌지?"** |

두려움, 걱정,
파국적인 생각

자기비판, 불만, 분노가 대부분 과거에 초점이 맞춰진 반면 두려움, 걱정, 파국적인 생각은 미래에 투영된 부정적인 생각이다. 부정적인 생각을 미리 하는 것이다. 파국적인 생각은 실제로 존재하지 않는 재앙을 마음속에 만드는 것을 말한다. 잘못될 수 있는 일을 만들어내고 상상하고 집착하고 괴로워한다. 물론 파국적인 생각에는 상상의 재앙을 어떻게 막거나 복구할 것인지에 대한 생각도 세트처럼 꼭 따라온다.

작가 마크 트웨인은 그 자신도 파국적인 생각을 하는 경향이 있었는지 '파국화'라는 말을 훌륭하게 묘사했다. "나는 살면서 근심 걱정이 많았다. 그러나 대부분은 실제로 일어나지 않은 일들이었다." 우리는 오랫동안 너무나 많은 끔찍하고 무서운 상황을 경험하고 연이은 재앙을 수없이 겪으며 살아왔지만, 우리가 느끼는 공포는 대부분 현실로 일어나지 않았고 일어나지 않을 것이다. 그 재앙은 우리 마음속 외에는 어디에도 존재하지 않는다.

의대 4학년에 재학 중인 러모나는 파국적인 생각의 전형을 보인다. 그녀는 의대에 입학한 순간부터 의사 면허 시험에 떨어지면 어떻게 할지 걱정하고 계획을 세웠다. 식당에서 일해야 할지도 모르고 학자금을 갚지 못해 노숙자 신세로 전락할지도 모른다고 생각한다. 러모나는 상상의 시나리오가 실제로 일어난 것 같은 삶을 살아간다.

하지만 실제로 러모나의 성적은 의대 졸업반 상위 5퍼센트에 든다. 그녀가 시험에 떨어질 확률은 사실상 0에 가깝다. 하지만 파국적인 생각의 손아귀에 사로잡히면 현실을 고려하지 않은 채로 미래나 진실을 결정하게 된다. 마음은 아무리 가능성이 낮아도 최악의 상황을 확실한 것으로 간주하고 미리 준비하라고 주장한다.

많은 사람이 스스로 두려움을 주입한다. 일어나지 않을 것이고 분명히 일어나지 않았는데도 최악의 상황을 상상하며 살아간다. 그 누구도 미래를 알 수 없는데 왜 우리는 굳이 재앙과 공포로 가득한 이야기를 쓰는 쪽을 선택하는 것일까?

미지의 요소와 마주하기

실패를 확신하는 자기비판적 사고와 마찬가지로, 파국적인 생각은 처참한 미래를 확신한다. 다시 한번 말하지만, 그런 생각은 불확실한 미래를 통제할 수 없다는 불안감에서 비롯된다. 우리는 알 수 없는 미래에 대해 아무것도 할 수 없는 곤경에 처하면 익숙해서 편안하게 느껴지는 무언가를 상황에 주입한다. 바로 '파멸'이라는 확실성이다. 어차피 일이 잘못될 걸 알면 진짜 문제가 해결된다. 덤으로 마음도 가장 좋아하는 활동으로 바빠진다. 앞으로 다가올 재앙을 걱정하고 계획하는 일 말이다. 그러면 알지 못하는 것에 대한, 불안이 앞으로 다가올 재앙에 어떻게 대처할지에 대한 훨씬 더 이해하기 쉬운 불안으로 대체된다.

어떤 사람들은 알지 못하는 불편함을 마주하면 멋지고 긍정적인 이야기로 채우는 쪽을 선택한다. 크게 성공할 거야, 원하는 것은 물론이고 훨씬 더 많은 것을 얻을 거야. 물론 미래를 만들어낸다면 끔찍한 것보다 멋진 이야기가 당연히 나을 것이다. 하지만 과도한 생각으로부터 진정 자유로워지고 싶다면, 긍정적이든 부정적이든 그 이야기가 사실이 아님을 받아들여야 한다. 미래는 대본이 없다. 긍정적인 이야기와 부정적인 이야기 모두 어느 정도 통제감을 느끼려고 만들어낸 것이다. '만약 그러면 어떡하지?'는 사실 '무슨 일이 생길까?'를 대체할 뿐이다. 미래에 무슨 일이 생길지는 아무도 모른다. 아직 현실이 아닌 현실을 우리가 어떻게 할 수는 없다. 존재하지도 않는 것을 세세하게 관리할 수는 없다. 모르는 채로 기다려야 한다.

만약의 상황에 대해 자주 생각하는가? 미래에 머무는 자신을 데려와 현재에 발붙이고 오늘 내려야 하는 선택에 집중하게 만들어야 한다. 이것은 불확실함을 받아들이는 것에서부터 시작된다.

'모른다'라고 말하는 연습이 시급하다. 미래가 재앙이라고 확신하면 원하는 미래를 만들기 위한 노력과 행동을 멈추기 때문이다. 만약의 상황을 자꾸 생각하면 무력감과 실패할 운명을 느끼고 결과적으로 현실과 그 안에서 내가 해내야 하는 역할과도 단절된다. 오늘 어떻게 행동하느냐가 내일을 결정한다는 사실을 잊어버린다. 자신에게 미래에 영향을 끼치는 행위 주체성이 있다는 생각도 하지 못한다. 파국적인 생각은 불확실함에서 도망치고 현재의 책임에서 벗어나게 해준다. 원하는 미래를 만들기 위해 집중해야 하는 일을 회피하는 것이다.

이러한 형태의 부정적인 생각에는 특히 이상하고 당황스러운 면이 있는데 바로 완전한 무의식이다. 원래 인생에는 우리가 굳이 재앙을 만들어내지 않아도 될 만큼 충분한 재앙이 있다. 그저 마음이 바빠지자고 재난 대기 목록을 만들어낼 필요가 없다. 이미 인생은 예측할 수 없는 무서운 현실로 가득하니까.

앞으로 다가올 일을 통제할 수 없는 것은 사실이지만 오늘의 행동은 확실히 미래에 영향을 끼친다. 그래서 나는 러모나가 학자금을 갚지 못해 노숙자가 된 미래의 구덩이에 빠질 때마다 묻는다. 오늘 시험공부를 몇 시간이나 했는지, 충분히 많이 했다고 생각하는지. 이렇게 부지런히 현실을 조사해보면 파국적인 생각에 반박할 수 있다.

자신에게 물어보자

원하는 미래를 만들기 위해 지금 할 수 있는 모든 것을 다 하고 있는가? 하나도 빠짐없이 전부? 미래가 암담하다고 확신하기 때문에 무엇에 집중하고 있지 않은가?

지금 할 수 있는 일에 관심을 돌려야 한다. 지금 당신이 할 수 있는 일은 자신의 역할뿐이다. 과도한 생각에서 벗어나려면 미래에 대한 이야기를 만들고 싶은 충동을 자제할 뿐만 아니라 원하는 결과를 만들어가기 위해 할 수 있는 모든 것을 적극적으로 해야 한다. 현재의 행동에 주의를 기울이고 결과를 받아들여야 한다. 이 문장을 다시 읽어보자.

준비하려는 노력

파국적인 생각은 일어날지도 모르는 재앙에 대비하는 방법이기도 하다. 우리는 부정적인 생각의 고리가 최악의 상황에 대비하도록 도와준다고 믿는다. 미래의 상황이 닥쳤을 때 놀라거나 기습당하지 않도록 부정적인 시나리오를 전부 다 생각해본다. 이처럼 파국적인 생각은 무장을 하고 미래에 대비하려는 잘못된 시도다.

하지만 이런 정신적인 준비가 실제로 부정적인 결과가 닥칠 때 정말 도움이 되는지 다시 한번 생각해볼 필요가 있다. 파국을 미리 경험하는 것이 우리에게 도움이 되는가? 실제로 파국이 닥쳤을 때 더 잘 대비할 수 있도록 해주는가? 현실적으로 '만약'의 생각이 하는 일이라고는 파국을 적어도 한 번은 확실하게 경험하게 해주는 것뿐이다. 만약의 상황을 리허설함으로써 비록 실제로 일어나지 않더라도 마음속으로 파국을 경험하는 것이다. 그러나 그런 준비 과정에서 몸과 마음에게 결코 일어나지 않을지도 모르는 재앙을 헤쳐나가도록 강요함으로써 정신적으로 그리고 감정적으로 지친다.

나는 이렇게 말하는 사람을 한 번도 본 적이 없다. "아, 이 재앙을 미리 걱정하길 정말 잘했어. 와, 미리 걱정한 덕분에 헤쳐나가는 데 정말 큰 도움이 되네." 그리고 현실에서 실제로 일어난 재앙이 머릿속에서 미리 되풀이한 재앙과 완전히 똑같은 사례도 보지 못했다. 우리가 상상하는 재앙은 실제로 닥칠 재앙과 절대로 똑같지 않다. 물론 상상의 재앙이 정말로 현실화된다면 말이다. 어쨌든 준비는 헛수고에 불과하다. 우리는 항상 실제와 다른 상황을 준비하게 되니까.

확률 연습

파국적인 생각은 현재를 가로채고 두려움을 무기로 우리를 인질로 잡는다. 최악의 상황을 상상하는 것은 아무런 잘못도 없는 현재에 부정적인 전망을 투척해 폭파해버리는 것과 똑같다. 우리의 전망은 미래에 대한 것이지만, 그것들은 지금 여기에 살아 움직인다. 우리는 지금 이 순간 최악의 미래를 상상한다. 미래에 대한 두려움 섞인 생각은 현재에 독을 주입해서 사실과 거리가 먼 끔찍한 것으로 바꿔버린다.

우리가 뭔가 끔찍한 상황이 기다린다고 확신하는 순간,

확률과의 접촉이 끊어진다. 확률은 단순하지만 견고한 접근법이다. 그것은 파국적인 생각의 쓰나미 속에서 구명조끼 역할을 할 수 있다.

나는 오래 만나온 내담자 세라의 지나친 건강염려증을 잘 알고 있었다. 세라는 병에 대해 생각할 때가 많았고 자신이 이런저런 말기 질환에 걸렸다고 확신한 적도 여러 번이었다. 새로운 감각이 느껴지거나 신체의 변화가 느껴지면 답을 찾으려고 미친 듯이 인터넷을 검색했다. 그리고 자신이 얼마 살지 못한다고 확신했다. 나는 세라와 이 과정을 여러 번 거쳤다. 그때마다 그녀는 토끼굴로 깊숙이 들어갔고 매번 똑같은 일이 벌어졌다. 세라는 파국적인 생각에 극도로 전념하고 빠져들었다. 그녀의 마음속에서 그 생각은 단순한 생각이 아니라 차갑고 냉혹한 현실이었다.

토끼굴로 내려가 있는 동안 세라의 마음은 대부분 50대 이상의(그녀는 30대였다) 사람들에게서 발견되는 희귀병인 말기 자가면역 질환에 걸린 게 확실하다는 믿음으로 고통스러워했다. 나는 세라에게 제안했다. 그 병으로 죽어가고 있다는 사실이 확실하지 않고 그녀의 증상은 여러 다양한 가능성 때문일 수 있으니, 일단 지금은 확률을 믿어보면 어떻겠냐고. 반대 상황을 증명하는 확실한 증거를 얻을 때까지 통계적으로 가장 확률이 높은 쪽을 믿어보자고. 놀랍게도 세라는 이 간단한 접근법으로 마음을 진정시키고 '만약'의 생각에서 빠져나올 수 있었다. 그녀는 이제 숫자를 믿고 가장 확률이 높은 상황을 현실로 받아들인다.

한편 패티의 파국적인 생각은 10대 딸이 대학 진학에 실패할 것이라는 확신이었다. 그녀는 딸이 "평생 부모 집 소파에 누워 TV나 볼 것"이라고 생각했다. 패티는 죄책감이 들어 어떻게 딸만 집에 두고 여행을 다닐 수 있을지, 딸이 소파에 늘어져 있는데 남자 친구를 어떻게 집에 데려올지 벌써부터 걱정이었다.

나는 먼저 그녀에게 재앙으로 가득 찬 알 수 없고 불확실한 미래에 대한 격렬한 생각의 폭풍에 휩싸였다는 사실을 인정할 수 있는지 물었다. 잠시 미래 이야기에서 벗어나 지금 그녀가 놓인 어려운 상황을 자비로운 태도로 바라보라고 제안했다. 상상의 어려움이 아니라 일어나지도 않는 일들에 대한 생각의 고리에 갇힌 그녀의 상황을 말이다. 그녀는 내 말대로 하더니 눈물을 흘렸다.

몇 분 후, 나는 패티에게 이 시나리오의 확률을 고려할 마음이 있는지 물었다. 파국적인 생각이 아니라 딸의 학교생활에 대한 정보로 결정되는 확률이었다. 딸의 학교에 대학에 떨어진 학생이 있었는가? 만약 그렇다면, 그런 학생이 얼마나 많은가? 패티는 그런 일이 절대로 없었다고 말했다. 나는 딸이 학교 역사상 처음으로 아무 대학에도 들어가지 못할 확률이 지극히 낮다는 사실에 동의하는지 물었다. 역시 그녀는 동의했다. 성적에 상관없이 누구나 들어갈 수 있는 대학이 있는지도 물어보았다. 대답은 역시 '그렇다'였다. 상황이 조금씩 진전되자 약간 과감하게 마지막 질문을 던졌다. 그녀와 딸이 앞서 같은 길을 걸은 다른 사람들과 그렇게 다르지 않다는 사실을 믿고 살아갈 의지가 있는가? 최소한 반대 상황을 증명하는 정보가 생길 때까지, (매우) 높은 확률에 기댈 수 있는가? 그녀는 그렇게 할 수 있다고 했다. 파국적인 생각들이 순식간에 그녀의 의식에서 사라졌다.

데브라의 경우 부정적인 특별함이 파국적인 사고를 뒷받침했다. 그녀는 별로 크지 않은 수술을 받은 후, 의사가 처방해준 약에 자신이 남들과 다른 반응을 보일 것이라고 확신했다. 수십 년 동안 수백만 명이 복용했고 효과가 이미 증명된 약인데도 자신의 몸이 다른 반응을 보일 것이라고 말이다. 왜 그녀가 다른 사람들과 다르다고 생각하는지, 왜 그렇게 부정적으로 특별한지 묻자, 그녀는 웃기만 했다. 자신이 저주받은 나쁜 사람이지만 세상의 중심이므로 다른 사람들에게 똑같이 적용되는 사실이 나에게만은 통하지 않는다는 이런 믿음은 미래에 대한 파국적인 생각에 힘을 실어준다. 하지만 불운에 관한 한 자신이 다른 사람들과 그렇게 다르지 않다는 사실을 떠올릴 필요가 있다. 다른 사람들에게 해당하지 않으면 나에게도 해당하지 않을 가능성이 높다.

알지 못하는 상황에 직면했을 때 왜곡된 상상이 아니라 확률에 기대는 쪽을 적극적으로 선택할 수 있다. 불확실성을 마주한 순간, 과거의 역사적 사실에 기대어 내가 다른 사람들과 그리 다르지 않다는 것을 기억하기 바란다.

자신에게 물어보자

상상하는 일이 실제로 일어날 확률을 떠올려보면 도움 될 만한 상황이 있는가?

그렇다면 사실만으로 이루어진 외부적 현실을 제시하고 마음속의 이야기를 대체한다.

지금 이 순간을 살아내기

수전은 남편과 이혼하기로 했다. 슬프고 스트레스도 심한 시간이었다. 둘 중 누구에게도 만족스러운 결정은 아니었지만 다른 선택권이 없어 보였다. 아직 어린 세 자녀가 있고 재산 분배도 해야 했기에 10년간의 부부 관계를 정리하기 위해 할 일이 무척 많았다. 그들의 삶은 너무도 복잡하게 얽혀 있었다. 당연히 수전은 두렵고 불안했다. 앞으로 삶이 송두리째 바뀔 테니까. 완전히 통제 불능인 상황에서 통제할 수 있는 무언가를 찾고자 그녀의 생각은 무척 세세한 부분들에 집착하기 시작했다. 이혼하기로 결정한 지 일주일도 안 되었는데 그녀는 미친 듯이 돌아가는 생각의 고리에 걸려버렸다. 아침에 딸을 등교시킬 베이비시터를 어떻게 구할지, 허리도 안 좋은데 어떻게 세탁 바구니를 들고 계단을 오를지, 6개월 후에 여름이 되면 집 안이 시원해지게 에어컨을 틀어야 할 텐데 에어컨 스위치가 어디에 있는지. 갑자기 엄청나게 많은 일이 일어나 수전의 마음은 지금 알 수 없고 나중에 해결해야 하는 문제들을 꽉 붙잡고 있었다.

미래의 어느 시점에 이르러 해결해야 할 일들에 대해 생각하는 것을 멈출 수 없는가? 오늘의 상황만 관리하면 되고 그것만이 가능하다는 사실을 떠올리는 것은 자신에게 베푸는 최고의 친절이 될 수 있다. 우리는 미래에 무엇이 필요할지 알 수 없다. 아직 정보가 없어서 결정할 수 없으니 더 알게 되기 전까지는 생각하지 않는 것이 좋다. 그리고 실제로 그 순간이 다가오면 혼자 해결하려고 애쓸 필요도 없다. 주변에서 도움을 얻을 수 있다. 똑같은 상황을 먼저 겪은 사람들에게 정보를 얻으면 된다.

감정에 압도당하거나 두려울 때는 미래의 일을 해결하

려는 것을 멈추고 오늘에 집중해야 한다. 당장 필요한 것 말고 다른 것을 알아야 한다고 자신에게 요구하기를 멈춰야 한다. 우리는 지금 이 순간만 살아내면 된다. 오늘 자신에게 말하자. "한 번에 하루씩 살자." 친절과 자비가 담긴 말과 태도는 불안과 두려움, 절망의 생각 구덩이에서 우리를 곧장 끌어내준다.

가상의 시나리오가 해결책에 이르도록 도와주기

자세히 들여다보면 파국적인 생각은 재앙이 일어나는 지점까지만 미래의 대본을 쓴다. 우리는 위협을 과대평가하고 자신의 대처 능력과 자원을 과소평가하도록 프로그래밍되어 있어서 재앙 자체에 주의를 기울이는 대본을 작성하지 못한다. 따라서 대본을 더 적게가 아니라 더 많이 쓰는 것이 유용할 수도 있다. 다시 말하자면 공포에 질려 극장 밖으로 뛰쳐나가는 시점을 지나서까지 계속 머릿속으로 영화를 상영하라는 것이다.

당신이 상상하는 비참한 상황이 일어난다면 어떻게 할지 생각할 시간을 가져본다면 몇 가지 가능한 해결책이나 행동이 떠오를 것이다. 과거에 비슷한 상황을 다루었을지도 모른다. 대개는 현실에서가 아니라 머릿속에서 그랬을 것이다.

그런 일이 정말로 일어난다면 어떻게 할 것인가? 정말로 그렇게 되면 어떻게 할 것이고 무엇을 할 수 있을까? 올바른 다음 단계는 무엇일까? 도움을 요청할 수 있는 사람이 있는가? 과거에도 똑같이 어려운 일을 겪어본 적이 있나? 만약 그렇다면 무엇이 도움을 주었는가?

재앙이 정말로 현실화된다면 어떻게 할지 상상해봐도 아무런 생각이 나지 않을 수도 있다. 어느 내담자는 아이에게 끔찍한 일이 생긴다면 자살할 생각으로 약장에 수면제를 잔뜩 넣어두었다. 재앙이 닥친 이후의 시간은 아예 존재하지 않는다는 것이 그녀의 해결책인 셈이다. 하지만 중요한 것은 재앙이 일어났을 때의 나는 지금 여기 앉아서 그 재앙을 상상하거나 계획을 세우는 내가 아니라는 사실이다. 그런 상황이 정말로 발생했을 때 그 상황에 대응할 사람은 아직 만들어지지 않았다. 우리는 아직 그 재앙의 현실에 의해 변하지 않았으니까. 따라서 재앙을 헤쳐나가는 방법을 상상할 수 없는 것도, 재앙 이후의 상황까지 머릿속 영화가 재생되지 않는 것도 다 괜찮다. 그때의 당신은 지금의 당신이 아닐 테니까. 그러니 그 상황에서 무엇을 할 수 있을지, 어떻게 해야 이겨낼 수 있을지 모르는 것이 당연하다.

버네사는 암에 걸릴지도 모른다는 두려움에 시달렸다. 그녀는 암에 걸리면 정신적으로 무너져서 암 때문이 아니라 두려움 때문에 죽을 것이라고 확신했다. 안타깝게도 그녀는 정말로 암에 걸렸다. 하지만 실제로 암 진단을 받았을 때 그것을 이겨내고 바람직한 결론에 도달한 버네사는 암 진단을 두려워했던 과거의 그녀와는 완전히 달랐다. 인생은 우리를 변화시킨다. 어떤 상황이 닥치기 전에는 상상도 할 수 없었던 자기 안의 회복력과 강인함이 정말로 필요한 순간에 나타나기 마련이다.

연습법

회복력의 증거 찾기

처음에는 도저히 이겨낼 수 없을 것만 같거나 엄청난 충격으로 다가왔던 상황을 결국 무사히 헤쳐나간 경험을 떠올려본다.

1. 그 상황을 어떻게 헤쳐나갔는지, 내적으로나 외적으로 어떻게 상황에 대한 인식을 바꿀 수 있었는지 생각해본다.
2. 그 어려운 상황이 자신을 어떻게 변화시켰고, 자신이나 세상과의 관계를 어떻게 변화시켰으며, 거기에서 자신이 무엇을 배웠는지 생각해본다.
3. 나에게 회복력과 적응력이 있다는 사실을 살펴보고 인정한다.

파국적인 생각은 곧 닥쳐올 파멸에 대비함으로써 자신을 돌보려는 의도에서 비롯된다. 그러나 우리는 그 과정에서 진정한 자신을 무시한다. 자신의 힘과 독창성, 인생 경험, 내면의 자원, 필요할 때 이용할 수 있는 지원 시스템을 외면한다. 믿지 못하겠다면 과거를 돌아보고 증거를 찾아보기 바란다.

자기비판, 불만, 억울함, 원망, 두려움, 걱정, 분노, 정당함을 한데 모아 인생이라는 셰이커에 부은 뒤 파국적인 생각을 한 움큼 던져 넣고 흔들면 고통이라는 칵테일이 만들어진다. 부정적인 생각의 고리가 어떤 가정과 믿음을 쌓고 어떤 정체성을 지지하고 삶에 어떤 피해를 끼치는지 깨달으면 우리는 길을 선택할 수 있다. 마음이 던지는 생각에 개입할지 말지를 직접 결정할 수 있게 된다. 인식과 자기 자비로 무장하면 생각의 고리를 덥석 물 일도, 생각에 힘을 내주는 일도 없어진다.

2부
안도감을 얻는 도구
Tools for Relief

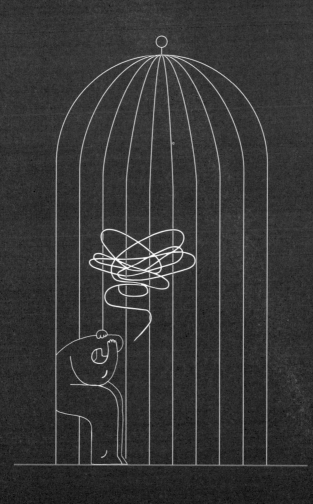

6장

접착제처럼 끈질긴 생각 떼어버리기

물에 사는 박테리아 카울로박터 크레센투스Caulobacter crescentus는 지구상에서 가장 끈적끈적한 물질이다. 초강력 접착제보다 세 배나 강한 다당류 화합물을 분비한다. 아주 조금만으로도 한 번에 여러 대의 자동차를 들어 올릴 수 있다.[12] 정말 굉장하다. 하지만 카울로박터의 접착력을 생각의 접착력과 비교한다면 생각이야말로 지구상에서 가장 끈적한 물질일 것이다.

알고 있겠지만 어떤 생각들은 다른 생각들보다 내려놓기가 쉽다. 저녁은 뭘 먹을까? 이번 주말 날씨는 어떨까? 무슨 영화를 볼까? 보통 이런 생각들은 관심을 다른 곳으로 옮기는 것이 문제 되지 않는다. 이런 생각에는 강한 감정이나 과거, 중요성이 붙어 있지 않다. 그러나 벗어나기가 어렵거나 완전히 불가능하게 느껴지는 생각들도 있다. 상처, 수치심, 원망, 분노처럼 강한 감정과 연결되고 자존감 및 다른 강한 믿음과 이어진 생각들이다. 이런 생각들은 우리에게 달라붙어 좀처럼 쉽게 떨어지지 않는다.

접착력 강한 생각은 우리가 생각하길 멈추려고 해도 반응하지 않는다. 아무리 주의를 다른 데로 분산시키고 그런 생각을 하는 자신을 꾸짖고 사실이 아니라고 확신하고 더 나은 생각으로 대체하거나 다른 전략을 쓰려고 해도 우리를 놓아주지 않는다. 정말이지 초강력 접착제로 머릿속에 붙여놓은 것만 같다. 이런 생각들에는 다른 접근법이 필요하다. 그 어떤 저항도 통하지 않을 정도로 접착력이 강해서 생각을 더 많이 한다거나 기존의 방법으로 싸워봤자 효과가 없다.

하지만 알고 보면 우리에게는 생각의 접착력을 녹여줄 도구가 있다. 생각이 들러붙어 있는 마음을 바꾸면 된다. 그러면 생각은 더 이상 그렇게 맹렬하게 우리의 주의를 끌지 못한다. 그 도구는 바로 알아차림이다. 생각의 접착력이 얼마나 강한지, 그 접착력에 힘을 실어주는 믿음이 무엇인지, 생각에서 벗어나는 게 왜 그렇게 어려운지를 알아차리면 접착력이 녹고 마음의 표면이 반들반들해져서 생각이 떨어져 나간다.

이 장에서는 생각이라는 접착제를 받아들이게 되는 믿음과 관념, 조건 등 우리 자신의 다양한 측면을 다룬다. 의식이 새로워지면 끈질긴 생각으로부터 자유로워질 수 있다.

생각이 사실이라는 믿음

생각이 마음에 강하게 들러붙어서 떨어지지 않는 이유는 생각에 대한 우리의 믿음 때문이다. 간단히 말해서, 우리는 생각을 믿는다. 생각이 믿을 만하며 진짜라고 여긴다. 생각이 등장했다는 사실만으로도 주의를 기울일 가치가 있다고. 생각의 내용물과 모순되거나 의심하게 만드는 다른 무언가를 알고 있을 때도 생각이 중요하다고 착각한다. 생각에 대한 깊은 경외심으로 인해 생각을 외면하는 것은 현명하지 못한 일처럼 느껴진다. 가장 신뢰하는 것을 왜 거부해야 하는가?

생각의 창조자인 마음은 생각이 하는 말이 현실이라고 우리를 설득한다. 그렇기에 생각의 도움 없이, 생각의 권위를 받아들이지 않고는 살 수 없다고. 생각이 우리를 위한 최선이라고 생각은 말한다. 마음은 이 메시지를 전파함으로써 영리하게도 우리의 행복과 생존에 반드시 필요한 요소로서 자리매김한다. 우리는 생각을 믿기 때문만이 아니라 생각이 우리에게 도움이 된다고 확신하기 때문에 계속 과도하게 생각한다.

동시에 우리는 생각하고 있다는 사실을 깨닫지 못하므로 생각을 멈추지 못한다. 자각하지 못하는 상태로 생각을 거듭하는 것이다. 생각은 항상 의식의 배경에서 진행된다. 우리 인생의 OST 같다. 생각한다는 것은 살아 있다는 뜻이다. 생각하는 것은 존재하는 것과 똑같다고 느껴진다. 우리는 생각 사이에 침묵과 공간이 존재할 수 있고 우리가 생각이 없는 상태에서도 존재할 수 있다는 사실을 알지 못한다. 그뿐만 아니라 생각이 떠오를 때 생각의 초대를 거절하고 개입하지 않는 쪽을 선택할 수 있다는 사실도 모른다. 우리는 생각하는 것 말고 다른 삶의 방식을 알지 못한다.

생각과 사랑에 빠지다

우리는 단순히 생각을 믿고 신뢰하는 것이 아니다. 사실은 생각에 홀딱 빠져 있다. 우리는 생각이 매혹적이고 즐겁고 선견지명이 있고 탁월하다고 여기며 마음의 내용물에 완전히 매료된다. 생각은 우리를 특별하게 만든다. 생각이 좋을수록 그 생각을 생각해낸 자신도 더 잘난 사람이 된다. 생각이 제기하는 질문들은 (자신에게는) 가장 중요하고 가치 있으므로 반드시 하나하나 전부 주의와 관심을 기울여 답해야 한다. 스스로 생각에 중독되었다고 말하는 사람에게 생각 사이의 공백을 더 많이 경험해서 생각하는 시간을 줄이면 어떨 것 같냐고 물었다. 그녀는 "멋진 연인에게 헤어지자고 말하는 느낌일 것 같아요."라고 했다. 실제로 사람들은 삶의 그 어떤 것보다 생각을 중요시하고 관심을 쏟으며 생각과 깊은 사랑에 빠져 있다.

한마디로 생각 중독에서 벗어나는 것은 가장 사랑하는 대상과 헤어지는 것이나 마찬가지다. 생각을 가장 소중한 것에서 전혀 특별하거나 흥미롭지 않고 관심을 기울일 가치도 없는 것으로 강등시키는 것처럼 느껴질 수 있다.

생각의 소유권

머릿속에서 들리는 말을 생각이라고 부르는 것은 정말 이상하다. 마치 우리가 직접 떠올리고 만들어내고 각본을 쓰기라도 하는 것처럼 말이다. 하지만 우리가 듣는 그 말은 우리가 만든 것이 아니며 우리의 동의도 없이 나타난다. 한번 생각해보자. 의식 속에서 나타나는 생각이 정말로 당신이 선택할 만한 내용인가? 우리가 선택하든 말든, 등장을 허락하든 말든 생각은 그냥 나타난다. 그런데 어떻게 그게 나의 것일까? 내가 생각을 듣는 유일한 사람이긴 하지만, 내가 대본을 쓴 것도 아니고 동의하지도 않았고 의식 속으로 초대하지도 않았는데 말이다. 생각은 우리의 것이 아니며 우리가 만들려고 한 것도 아니다. 생각은 우리의 삶에서 끌어낸 인물, 감정, 상황이 담긴 무작위적인 내용물의 조각이며 보통 특별한 이유 없이 우리 자신의 경험에서 튀어나온다.

통제에 대한 환상 유지

우리가 생각에 매달리는 이유는 통제감을 주기 때문이다. 생각은 나 자신을 위해 뭔가를 하는 것처럼 느끼게 해준다. 생각은 행위 주체성을 느끼게 해주고 두려움과 연약함을 덜 느끼게 해준다. 변화나 통제할 수 없는 것에 덜 휘둘리는 것처럼 느끼게 한다. 우리는 생각에 의존하는 것 말고 다른 방법은 알지 못한다. 구명보트로 보이는 생각을 내려놓을 수가 없다. 자신을 안전하게 지키는 방법으로 생각에 지나치게 집중하고 의존한다. 그래서 한시도 생각을 쉬지 않으므로 끊임없이 생각할 필요가 없는 삶의 방식도 존재한다는 것을 깨닫지 못한다.

우리는 생각하면 무조건 상황이 나아진다고 믿어 의심치 않는다. 생각이 모든 문제의 해결책이라는 확신은 태어난 순간부터 우리 안에 깊이 새겨져 있었다. 하지만 그게 사실이 아니라면? 우리의 모든 믿음과 행동을 좌우하는 전제 자체가 잘못되었다면? 그 방식이 해결책이 아니라 오히려 문제라면?

생각을 통제할 수 있다는 가정

우리는 생각이 아무리 통제 불능이고 무작위일지라도 생각을 통제할 수 있어야 하고, 어떻게든 합리적으로 느껴지게 만들어야 한다고 믿는다. 생각을 통제해야 한다는 믿음은 생각을 내려놓기 어렵게 만든다. 우리는 진정으로 원하거나 충분히 노력하면 원치 않는 생각이 나타나는 것을 막고 마음을 통제해서 원하는 생각들만 나타나는 삶이 가능하다고 믿는다. 생각이 사라질 때까지 생각과 싸워야 하고 생각을 제대로 통제하지 못한 자신과 싸워야 한다고 확신한다. 생각의 내용물도, 생각이 나타나는 것 자체도 전부 자신의 책임이라고 여기므로 생각을 그냥 내버려 두지 못한다.

침습적인 생각에 대한 두려움

건강하고 심리적으로 안정된 사람들은 생각이 아무 이유 없이 그냥 나타나서 겁주고 정신을 산만하게 한 다음 역시나 아무렇게나 불쑥 사라져버려도 그냥 있는 그대로 생각을 경험할 수 있다. 케빈은 운전할 때마다 이런 생각이 떠오른다. '내가 갑자기 옆으로 방향을 홱 틀어서 행인을 칠지도 몰라.' 케빈이 살인 충동을 느끼는 사람이라서가 아니라 이것은 30년 전에 운전을 시작한 이후로 줄곧 든 생각이었다. 경험 많고 실력도 뛰어난 승마 선수 제인은 대회를 앞둘 때마다 넘어져서 목이 부러져 죽을 것이라는 생각으로 머릿속이 가득 찬다. 지금이 스스로 걷고 숨 쉬는 마지막 날들이라고 말하는 생각들이다. 킴벌리의 침습적인 생각은 그녀가 지하철 선로로 뛰어들지도 모른다는 것이다. 그녀는 거의 매일 출근길에 이런 생각이 들어서 만약을 위해 열차에서 눈을 떼고 기둥을 꼭 붙잡는다. 헨리의 원치 않는 생각은 그가 극장에서 공연을 관람하는 도중에 소리를 질러 공연을 방해할 것이라고 말한다. 그는 자신이 그런 부적절한 행동을 절대로 할 리 없다고 믿는다. 하지만 생각 자체가 너무 신경 쓰이고 위협적이어서 아예 극장 관람을 포기하게 되었다.

 침습적인 생각은 마음의 어두운 곳에서 무섭게 속삭이는 소리 정도로 잠깐 나타났다 사라질 수도 있지만, 우리는 그것을 무시하고 틀렸음을 증명하고 멈추려고 엄청난 시간과 에너지를 들인다. 우리는 생각이 지껄이는 내용보다 생각 자체가 훨씬 더 중요하다고 여긴다. 또한 생각을 파악하고 숨겨진 의미를 해독하고 이 생각이 지금 나타나는 이유를 이해하는 것이 자신의 책임이라고 믿는다. 진정한 자신에 대한 심오한 진실이 생각에 담겨 있다고 믿는다. 마치 사실은 열차에 뛰어들고 극장에서 소리 지르고 사지가 마비되고 싶은 무의식적 욕망을 품고 있기라도 한 것처럼 말이다. 그리고 그런 파괴적인 생각이 왜 나타나는지 반드시 밝혀내려고 한다.

우리는 생각이 무의식적 욕망을 나타내며 영혼의 속삭임이라고 믿는다. 따라서 생각이 하는 말이라면 아직 잘은 모르더라도 사실임이 분명할 것이다. 생각을 분석하고 풀어내지 않는다면, 본능이 미친 듯 날뛰고 가장 깊고 어두운 자아의 고삐가 풀릴 것이다. 그러니 생각의 말이 틀렸다는 것을 증명하려면 진상을 밝히지 않으면 안 된다. 그러지 않으면 지금 당장은 아니라도 결국 생각이 하는 말이 옳게 될 테니까.

동시에 우리는 생각이 자신의 소망과 도덕, 가치관에 혐오스러울 수도 있는, 전적으로 자신의 성격에 맞지 않는 일을 하게 만드는 힘을 가지고 있다고 믿는다. 평생 친절하고 점잖은 사람이었더라도 갑자기 폭력적인 생각이 떠오르면 사실은 자신이 폭력적인 사람이고 폭력적인 행동을 하고 싶어 하며 그럴 운명인 게 분명하다고 믿는다. 지금까지 내가 알았던 모습을 무효로 만들어버릴 만한 힘을 생각에게 부여하는 것이다. 우리는 생각이 우리에게 원치 않는 행동을 하게 만들 수도 있다고 믿는다. 생각이 우리보다 더 강력하다고. 그러니 적극적으로 생각에 반박하고 생각이 암시하는 일이 절대 일어나지 않을 것이라고 확실하게 증명하지 않으면 안 된다. 생각이 현실로 일어나지 않도록 우리는 이 과정을 수없이 반복해야만 한다.[13]

감히 말하자면, 워낙 정신 나간 세상이라서 우리는 생각이 틀렸음을 증명할 수가 없다. 마치 머더보드를 조작하는 사람이 없는 것과 같다. 시스템이나 생각에는 감각이 없는데도 우리는 무엇이 진짜가 아닌지를 반증하기 위해 감각을 계속 사용하려고 한다. 생각은 그냥 일어난다. '생각이 왜 일어나는가'는 생각에서 벗어나는 데 도움 되는 질문이 아니다.

무언가에 저항하면 그것은 끈질기게 지속된다. 하고 싶지 않은 일을 하게 만드는 힘을 가진 대단히 중요한 것인 양 생각에 반응하면 그것은 정말로 중요한 것이 된다. 우리가 저항하면 생각도 계속 밀어내고 더욱더 강해진다. 우리의 두려움과 저항이 생각의 연료로 작용하는 셈이다. 신경 쓰이는 생각에 안달하는 것을 멈추고, 생각을 두려워하면서 물리치려 애쓰는 것을 멈추고, 우리를 통제하는 힘을 내어주는 것을 멈추고 생각을 그저 고장 난 컴퓨터 같은 마음의 일부라고 받아들인다면 아무리 파괴적인 내용의 생각이라도 더 이상 파괴적이지 않게 된다. 생각은 여전히 나타나겠지만(횟수는 줄어들 것이다) 그 생각이 틀렸음을 증명하려 애쓰지 않아도 된다는 사실을 깨닫게 된다. 생각이 나에 대해 틀리게 말해도 틀린 이유를 굳이 알 필요도 없어진다.

생각은 우리가 하고 싶지 않은 일을 하도록 만들지 못한다. 어떤 생각이 든다고 마음속 깊은 곳에서 정말로 내가 그것을 원한다는 뜻은 결코 아니다. 생각이 우리의 깊은 내면을 잘 아는 것은 아니다. 침습적인 생각은 고장 난 컴퓨터에서 무작위로 발사되는 것일 뿐이다. 우리가 의미를 주입하지 않는 한 생각에는 아무런 의미도 없다. 생각이 혼자서 비웃고 소리치고 불평하고 마음껏 쏟아붓게 내버려 둘 수 있다. 생각은 절대로 나를 그 안에 담긴 정신 나간 사람으로 바꿀 수 없으니까.

달갑지 않은 생각과 싸우고 통제할 수 없는 것에 대해 자신을 탓한다고 생각이 바뀌지 않는다. 오히려 끝없는 생각과 마비의 반복적인 주기에 빠질 뿐이다. 생각은 계속 나타나고 우리는 계속 생각을 두려워하고 맞서 싸운다. 하지만 다행히 우리에게는 생각에 어떻게 반응하는지에 대한 책임만 있다. 생각을 멈추거나 그 내용을 바꾸려 애쓰지 않으면 생각과의 싸움에서 질 수도 있지만 삶과의 전쟁에서는 승리할 것이다. 생각은 그냥 일어나는 것이고 우리의 잘못도 아니며 통제할 수도 없다는 사실을 받아들이는 것이 승리이고 자유다. 생각에서 아예 벗어나는 자유가 아니라 생각과 공존하는 자유다. 이제 진짜 삶을 살 수 있다.

　길거리에서 아무한테나 마구잡이로 소리 지르는 미친 사람을 무시하는 것처럼 부정적인 생각에도 비슷한 태도를 보이는 것이 현명하다. 우리는 거리의 미친 사람에게 연민을 느끼지만 본격적으로 자리 잡고 앉아 그들의 이야기를 들으며 말에 숨겨진 깊은 의미와 목적을 분석하고 왜 그 말이 잘못되었는지 증명하려고 하지 않는다. 생각도 마찬가지다. 생각을 무시하거나 그 안의 깊은 의미를 파헤치려고 에너지를 쓰지 않아도 된다. 생각이 떠올랐다고 해서 꼭 중요하다는 뜻은 아니다. 내면에 침입자가 들어왔다는 사실을 알아차리고 원한다면 이름도 붙여준다. 녀석이 제어실에 몰래 들어왔다는 것을 깨닫는다. 침입자의 존재를 알아차리고 한숨을 쉬거나 낄낄대거나 얼굴을 찡그리는 등 적절한 반응을 보이고 가던 길을 계속 가면 된다.

　다시 한번 말하지만 나는 나의 생각이 아니다. 우리는 생각이 아니라 생각이 일어나는 장소, 의식이다. 대부분의 생각은 별로 중요하지 않으며 전혀 중요하지 않은 생각들도 있다. 우리가 원치 않는 생각에 투자하는 모든 시간, 생각을 반증하기 위해 쏟는 에너지는 전부 시간과 에너지 낭비에 불과하다. 결함 있는 시스템에 발생한 이상하지만 하나도 중요하지 않은 일시적인 문제를 굳이 확인하고 더 키울 이유가 없다.

가장 중요한 사실은 생각이 우리 자신을 더 깊이 아는 기회를 제공한다는 것이다. 그러나 (우리가 믿는 것처럼) 생각의 내용물을 통해서나 생각의 의미 해독을 통해서가 아니다. 생각과 어떤 식으로 연결되기를 원하는지 직접 결정함으로써, 역설적이지만 생각을 무관하게 만듦으로써 자신을 알게 된다. 굳이 개입하거나 생각이 거는 주문에 빠지지 않고 생각이 그저 나타났다 사라지게 두면 우리 자신이 생각이 떠오르는 장소인 의식이라는 사실을 알 수 있다. 그 의식은 생각을 내려놓기로 결정한다. 이렇게 생각과 분리되면 생각을 듣지만 생각 자체는 아닌 의식으로서 자신을 경험할 수 있다. 그러므로 자신이 진정 누구인지 제대로 알게 된다.

근본적인 이유

심리학에는 "히스테리적인 것이라면, 그것은 역사적이다."라는 말이 있다. 어떤 상황이 당신을 유난히 감정적으로 만들거나 통제 불능으로 만든다면 그것은 당신의 과거, 특히 어린 시절, 초기 보호자와 관련 있을 가능성이 크다는 뜻이다. 생각 역시 마찬가지다. 접착제로 붙여놓은 것처럼 사라지지 않는 생각은 단순히 당신이 곱씹고 있는 문제가 아니라 겉보기보다 훨씬 깊은 문제 때문일 것이다.

당신이 생각에 갇혀버린 이유는 과거의 경험을 헤아리거나 고치려고 하기 때문이며, 해결되지 않은 감정을 해결하려고 하기 때문이다. 현재의 상황과 그 상황을 해결하려는 생각의 고리가 오래된 상처 및 어린 시절 자아와의 관계를 건드린 것이다. 이 사실을 이해하고 생각이 마음대로 만드는 이야기를 믿지 않게 되면 단순히 생각이 나에 대해 하는 말 때문에 이런 감정을 느끼는 것이 아님을 깨닫게 되며 현재 상황을 당장 해결해야 한다는 다급한 집착이 약해진다. 그러면 자신을 단단하게 묶어둔 특정한 생각들로부터 해방될 수 있다. 그뿐만 아니라 새로운 문제가 생길 때마다 온통 집중하게 만드는 중독적인 생각 패턴도 깨진다.

접착력 강한 생각의 고리에 사로잡혀 어떤 상황을 집착적으로 곱씹거나 이 문제를 해결하지 않으면 절대로 행복할 수 없다고 느껴진다면, 잠시 멈추고 자신에게 묻는다. 이 상황이 나에게 어떤 느낌을 촉발하는가? 사람들이 내 말을 들어주지 않고 나를 봐주지 않고 사랑해주지 않고 비난하는 것 같은가? 목소리를 내지 못하거나 자신을 지킬 방법이 없는 것 같은가? 나에게 불가능한 일은 무엇인가? 이 상황에서 나에게 가장 핵심적인 경험은 무엇인가? 일단 핵심 경험을 알게 되면 계속 자신에게 물어본다. 전에 이런 감정을 느낀 적이 있었는가? 만약 그렇다면, 누구와 어떻게? 이 질문의 답을 일기에 기록하기를 추천한다. 생각의 고리 뒤에 자리한 깊은 실타래를 숙고하고 성찰하는 습관을 들이는 것이 중요하다. 눈앞에 닥친 상황이나 행복을 막는 장애물에 대한 집착이 줄어들 것이다.

일단 핵심 경험을 확인하고 되돌아보고 글로 기록한 후에는 자신에게 친절한 말을 건네는 시간을 갖는다. 가슴에 손을 얹고 지금 내가 느끼는 감정이 중요하다는 사실을 되새긴다. 자신에게 말한다. "이건 중요해." 만약 아무도 내 말을 들어주지 않는다고 느낀다면 이렇게 말한다. "난 네 감정을 중요하게 생각해. 이해해." 사랑받지 못한다고 느낀다면 이렇게 말한다. "난 지금 이 순간, 있는 그대로의 너를 사랑해." 핵심 경험에서 비롯된 감정을 누그러뜨릴 수 있는 말이라면 뭐든지 좋다. 이제 끈질긴 생각의 이면에 자리한 근본적인 상처에 대해 알았으니 자신을 뜨겁게 사랑할 기회로 받아들인다.

진짜 삶이 아니라 개념일 뿐

나는 어릴 때 꽃이 무조건 '플라워flower'라고 믿었다. 내가 꽃이라고 부르는 것이 꽃의 본질을 담고 있다고. 그러니까 꽃이라고 부르는 것 아닐까? 그런데 나중에 네덜란드로 가족 여행을 갔을 때 네덜란드 사람들은 내가 꽃이라고 알고 있는 것을 '블룸bloem'이라고 부른다는 사실을 알게 되었다. 스페인에 도착했을 때는 '플로르flor'가 되었다. 너무나 혼란스러워서 아버지에게 물었다. "플라워인데 왜 블룸이나 플로르라고 해요? 왜 있는 그대로 부르지 않고요." 내가 그토록 사랑하는 화려한 색깔과 향기로운 냄새를 가진 이 실체가 '플라워'라는 단어와 동일하지 않다는 사실을 이해하지 못했다.

우리는 언어 발달이 시작되면서 단어를 통해, 나중에는 관념과 개념을 통해 삶을 경험하기 시작한다. 일단 '꽃'이라는 단어를 배우면 꽃처럼 생긴 것을 볼 때마다 곧장 '아, 저건 꽃이다.'라고 생각하게 된다. 우리가 보고 있는 대상이 무엇인지 이미 알고 있다고 여긴다. 일단 이름표를 붙이면 대상뿐만 아니라 전체적인 경험까지도 꽃으로 분류하고 개념화한다. 우리는 그것이 무엇인지 이미 알고 있다고 가정하고 제대로 보지 않는다. 색깔을 보고 향기를 맡고 질감을 느끼고 고유한 특징을 알아차리면서 정말로 경험하는 것을 멈춘다. 꽃이라는 대상을 보자마자 곧바로 꽃의 개념으로 넘어가 버린다. 첫 밸런타인데이부터 할머니의 관에 놓인 꽃에 이르기까지 우리가 꽃에 대해 배운 모든 정보와 꽃 하면 연상되는 모든 개념을 떠올린다. 그래서 꽃과 직접 상호작용할 필요도 욕망도 없고 심지어 그런 의식조차 없다. 우리는 꽃을 마음의 개념 상자에 넣어놓고 꽃 그 자체보다는 꽃이라는 개념과 관계를 맺

는다. 꽃을 생생하게 느끼는 경험이 꽃에 대한 개념으로 대체
되었다.

삶에 대해 생각하는 언어와 개념, 전략이 계속 쌓일수록
우리의 경험과 그것을 묘사하는 단어들의 차이가 줄어들고
결국 사라진다. 우리는 생각이 그것이 설명하고 견해를 제시
하고 개념화하는 경험의 본질을 포함하고 있다고 믿기 시작
한다. 경험에 대한 생각이 경험 그 자체와 동의어가 된다. 한
마디로 대역이 주인공이 된다. 내가 어렸을 때 플라워라는 단
어가 꽃과 동일하다고 믿었던 것처럼 우리도 인생에 대한 생
각이 곧 인생이라고 믿는다.

나이가 들수록 삶이 정말로 무엇인가에 대한 기억도 희
미해진다. 생각과 개념의 방해를 받지 않고서 삶을 직접 경
험하는 것이 가능하다는 사실조차도 흐려진다. 우리는 생각
의 막(렌즈)을 통해 겉핥기식으로 삶을 경험하는 것에 익숙해
진다. 결국은 우리가 무엇을 포기했는지, 겉모습 안에 무엇이
들어 있는지조차 잊는다. 살아 있다는 것에 대한 직접적이고
감각적인 경험과 연결이 끊어져서 해석이 들어가지 않은 날
것 그대로의 삶이 여전히 존재한다는 사실을 잊어버린다. 묘
사할 수 있고 머리로 알 수 있어도 꽃은 여전히 변화무쌍하고
어느 정도는 이해할 수 없거나 알 수 없는 경험이다. 결과적으
로 우리는 얄팍한 묘사와 해석에 가로막힌 채 삶과 경험에서

멀찍이 떨어져 살게 된다. 인생은 추상적인 관념, 지적인 수렁이 된다. 하지만 비록 드물지만 우리는 구속복 같은 개념을 전부 벗어버리고 삶의 깊은 곳으로 직접 헤엄쳐 가기도 한다.

되풀이해서 말할 가치가 있다. 삶에 대한 우리의 생각은 삶 자체가 아니라 단지 삶에 대한 묘사, 해석, 추상적 관념, 분석, 견해일 뿐이다. 생각은 생각이 말하는 것에 대한 경험을 담고 있지 않다. 생각은 이치에 딱 들어맞고 일을 완수하도록 도와주고 유용한 방법으로 삶의 틀을 짜고 방향을 지시할 수 있지만, 그래도 경험을 대체하는 정신적인 구성물일 뿐이다. 궁극적으로 경험은 생각을 통해 완전히 포착되거나 체험될 수 없다. 감각을 통해 꽃을 직접 체험하고 경외심을 느끼는 것은 어떤 꽃이고 어떤 계절에 피는지 생각하는 것과 똑같지 않다. 그뿐만 아니라 이 꽃이 마음에 든다는 사실을 생각하거나 누구에게 줄지 고민하는 것과도 다르다.

우리는 준비가 되었을 때, 모든 경험을 개념적인 난제로 바꾸는 것을 멈출 만큼 용기가 있을 때, 지금 여기에 존재하는 것을 살펴볼 만큼 호기심이 있을 때, 그것에 대해 설명하거나 알 필요가 없을 때, 삶과의 사이를 가로막는 생각의 층을 없애기 시작한다. 한마디로 모든 순간을 개념으로 생각하는 것을 멈추려고 할 때 그렇게 된다.

우리가 생각에 의존해서 삶을 대하는 이유는 생각을 통

해서나 생각하는 자신을 통해서가 아니더라도 삶을 경험할 수 있다는 사실을 믿지 않거나 어쩌면 다른 방법을 알지 못하기 때문이다. 하지만 사이를 가로막는 장벽 없이 삶과 직접 만나는 것은 실제로 가능한 일이다.

우리는 삶과 자신이 두 개의 분리된 실체로 존재하는 것처럼 살아간다고 믿는다. 그러나 사실 그 둘은 하나다. 우리는 삶이라고 부르는 이것과 떼려야 뗄 수 없는 관계다. 우리 자신이 삶이고, 삶이라는 강의 일부다. 잠시 생각해보자. 만약 당신이 삶을 살아가는 존재가 아니라 삶의 일부라면? 만약 나와 삶이 별개가 아니라면? 내가 자신이라고 여기는 모든 생각과 감각이 사실은 더 큰 의식 안에서 일어나는 것이라면? 이런 것들을 생각할 때 몸에서 어떤 감각이 일어나는지 느껴보자. 그 느낌과 함께 걷고 함께 살아보자.

실존적 철수 피하기

중독자에게 그가 중독된 무언가가 없는 삶을 상상할 수 있냐고 물으면 절대로 불가능하다고 대답할 것이다. 중독자에게 그것은 상상조차 할 수 없는 일이다. 현실을 벗어나 다른 의식 상태를 만들어내는 방법이 없는 삶은 절대 불가능할 것이다. 중독자가 현실에서 살아남으려면 현실 도피가 필요하니까. 마찬가지로 생각이 필수가 아닌 선택이거나 생각하지 않는 순간이 있는 삶을 상상할 수 있는지 물어본다면, 당신은 생각조차 할 수 없는 일이라고 할 것이다. 우리는 생각하지 않거나 생각을 통제하지 않는 방법을 찾는 것에는 열려 있지만(어쨌든 좋은 생각거리이니까) 실제로 생각하지 않는 것은 불가능하거나 심지어 바람직하지 않은 일이라고 믿는다. 생각하지 않는 것은 생각 문제의 가장 실행 불가능한 해결책이다. 우리가 생각과의 관계를 바꾸려고 할 때, 삶에서 생각이 차지하는 위치를 다시 고려할 때, 생각은 실존적 철수로 반항한다.

17세기 철학자 르네 데카르트는 "나는 생각한다, 고로 존재한다."라고 말했다. 실제로 우리는 생각할 때나 문제를 해결할 때처럼 정신 활동을 할 때 살아 있음을 느낀다. 우리는 생각 행위를 통해 자신을 안다. 그 행위를 하는 것이 나다. 그러나 당신은 때때로(명상 수련을 한다면 자주) 생각 사이의 공백, 마음속의 고요한 공간, 생각이 이루어지지 않는 순간을 알아차릴 것이다. 우리는 생각하지 않는 순간의 공백을 알아차릴 때 종종 원시적인 공포를 느낀다. 순간적으로 생각이 멈춘 것을 깨달으면 마음은 당황하는 경향이 있다. 마치 우리 자신이 사라져서 순간적으로 존재하지 않는 것처럼 느낀다. 생각을 멈추면 평소 익숙한 방식으로 자신의 존재를 느끼는 것도 멈추기 때문이다. 한마디로 존재하는 자신을 경험하는 것이 멈춘다.

생각 사이의 공백이 전멸처럼 느껴질 수 있지만 사실은 다른 존재 방식을 얼핏 보여주는, 자유로 향하는 문이자 생각 중독의 해독제다. 생각하지 않을 때도 우리가 여전히 존재하고 생각 사이의 공간에 남아 있다는 사실을 깨달으면 생각의 틈새에 있어도 편안함을 느끼고 호기심마저 생기기 시작한다. 그러면 살아 있음을 느끼게 해주는 유일한 방법으로 생각에 의존하는 것을 그만둘 수 있다.

연습법

지금 여기에 누가 있는가?

천천히 심호흡한다. 긴장을 풀고 감각에 주의를 기울인다. 그저 존재한다는 것이 어떤 감각인지 느껴본다. 지금 여기 생각에 의존하지 않는 것, 생각으로 만들어지지 않은 게 무엇이 있는지 알아차린다. 생각하지 않아도 존재할 수 있음을 느낀다. 지금 여기 누가 있는가?

흥미롭게도 생각하지 않는 순간이 두렵지 않다는 것을 알게 된다. 두려움에 대한 생각도, 사라진 나에 대한 생각도 없다. 생각하지 않을 때 내가 사라지는 것이 아니다. 생각하지 않는 순간에 두려움을 느끼는 자아가 없을 뿐이다. 스포츠나 창조적인 활동에 깊이 빠져든 몰입의 순간에는 그 일을 하는 사람이 사라지고 무슨 일이 일어나고 있는지에 대한 생각도 희미해진다. 경험 자체에 완전히 몰입한다. 그럴 때 삶은 '나'라는 존재가 만드는 별개의 것이 아니라, 내가 삶에 속한다. 선형적인 시간의 경험이 사라지고 우리는 지금 이 순간에 삼켜진다. 생각이 없으면 우리는 더 이상 경험으로부터 분리되지 않고 삶과도 분리되지 않는다.

평소 생각을 통해 자아를 느끼는 우리이기에 능동적으로 생각하지 않았다는 사실을 깨닫는 순간 생각이 폭발하듯 터져 나오기 시작한다. 마음이 비명을 지른다. '방금 무슨 일이 있었던 거야? 내가 어디로 갔던 거지? 생각을 하지 않다니 그럼 난 누구인 거야? 이제 어떻게 해야 하지? 이걸 누구누구에게 알려야 해.' 잠시 생각하지 않은 것에 대해 수많은 생각이 터져 나온다. 우리가 생각하지 않는 채로 존재하는 공간을 인식하는 순간 우리는 생각을 두 배로 늘려가면서 반응한다. 자신이 순간적으로 의식에서 사라짐으로써 발생하는 실존적 공포를 바로잡으려는 것이다. 자아 부재의 감각은 생각의 쓰나미로 대체되고, 그것은 우리에게 편안한 자아의식을 돌려준다. 우리가 생각 행위를 통해 성취하는 너무도 익숙한 감각이다. 그렇게 우리는 또다시 생각한다. 생각을 잠시 멈추었던 것에 대해.

분명한 것은 생각을 하지 않는 것에 대한 생각은 생각의 창조자인 마음에 결코 바람직하지 않다는 것이다. 마음은 생각을 덜 하거나 생각 없이 편안해지는 것을 좋아하지 않는다. 마음은 생각으로부터 독립된 자아를 선호하지 않는다. 생각에서 벗어나고 싶은지 마음에게 묻는 것은 어부에게 사막으로 이사하고 싶은지 묻는 것과 같다. 어부는 "아니, 내가 거기서 뭘 하겠어?"라고 대답할 것이다. 생각하는 자아에게 생각하지 않는 것에 익숙해지라고 하는 것은 빗방울한테 바닷물에 합쳐져 사라지라고 하는 것과 같다. 빗방울은 "싫어. 나는 고유의 존재감이 있는 별개의 빗방울로 남고 싶어. 내 모습 그대로 빗방울로 남고 싶다고!"라고 할 것이다. 잠시라도 생각을 하지 않는 것은 존재하지 않는 것과 마찬가지다. 하지만 그 생각이야말로 강박적인 생각을 부추긴다. 그렇다면 다음 단계는 자신이 생각보다 큰 존재라는 사실을 깨닫는 것이다.

7장 나는 생각보다 큰 존재다

사람들은 생각 중독에서 회복되는 것이 정말로 가능한지 묻는다. 그 대답은 의심할 여지 없이 '그렇다'이다. 가능하다. 그러나(결코 가볍게 보면 안 되는 조건이다) 회복하려면 생각과 생각 과정에 대한 사랑에서 벗어날 준비가 되어 있어야 한다. 생각과 새로운 관계를 구축하려는 의지가 있어야 한다. 그것은 마음이 하는 말과 내가 하나가 아닌 별개인 관계다.

종류에 상관없이 중독을 깨려면 우리는 바닥을 쳐야 한다. 사람마다 바닥이 다를 수도 있다. 아프고 피곤하고 아픈 게 지겨워지고 지치고 불안하고 걱정되고 스트레스받고 불행해야만 한다. 오래전부터 이어진 생각 패턴과 행동, 그것들이 가져오는 결과에 진저리를 쳐야 한다. 생각이 떠오를 때 반응하는 새로운 방법과 생각에 대한 새로운 태도를 개척할 의지가 생길 만큼 진저리를 쳐야 한다. 믿어도 되는 확실한 진리가 하나 있다. 지금까지 항상 해왔던 방식대로 계속한다면 결과는 언제까지나 똑같다는 것이다. 다른 곳으로 가고 싶으면 새로운 길로 가야 한다. 이 장에서는 새로운 존재 방식으로 길을 떠난다.

마음 듣기로 거리 확보하기

과도한 생각에서 벗어나는 첫 번째 단계는 마음에 귀 기울이는 데 전념하는 것이다. 의식에 주의를 기울여보자. 생각의 고리에 갇혔을 때 우리가 잃어버린 것은 생각을 듣는 사람과 생각 사이의 공간이다. 우리는 생각과 융합되어서 생각을 우리 앞에 나타나는 별개의 실체로 듣거나 보지 못한다. 생각에 사로잡히면 생각이 우리 자신으로부터 분리되지 않는다. 생각이 나이고 내가 생각이 된다.

생각을 (믿지는 않고) 경청하는 마음 듣기를 통해 생각과의 사이에 그 공간을 만들기 시작한다. 마음이 우리에게 하는 말을 관찰함으로써 우리는 능동적으로 생각으로부터 떨어져 나온다. 저 앞에서 생각이 나를 만들려는 모습이 보인다. 관점 자체가 바뀐다. 이제 우리는 생각을 보는 의식이고 생각은 우리 앞에, 우리 안에 나타나는 대상이 된다.

그러나 마음 듣기는 단지 생각을 알아차리는 연습이 아니다. 주의가 무엇을 따라가는지, 무엇을 따라가고 싶어 하는지 추적하면서 지금 주의가 어디에 있는지를 알아차리고 집중한다. 점점 익숙해질수록 생각이 나타나는 것이 보일 뿐 아니라, 주의가 어떤 식으로 기울고 당겨지는지도 보이기 시작한다. 연습할수록 알아차리는 능력이 날카로워진다. 의식이 확장되고 자유도 넓어진다.

연습법

주의 돌리기

잠시 멈추고 의식 속에 나타나는 생각에 주목한다. 무엇에 주의를 기울이고 있는지에도 주목해본다. 이제 의도적으로 주의를 그것이 원하는 곳에서 다른 곳으로 옮긴다. 주의를 다른 곳으로 옮기는 것이 어떤 느낌인지 느껴본다. 그다음에는 주의를 그것이 원하는 곳으로 다시 돌려놓는다. 이런 식으로 주의를 옮기는 연습을 한다. 실제로 주의를 움직이는 지성이나 에너지를 느껴본다. 하루 중에 잠시 시간을 내어 주의가 어디에 집중되어 있는지 살펴본다. 주의를 이리저리 움직이면서 가지고 논다. 주의가 어디로 가고 싶어 하는지 본다. 주의에 관심을 기울이는 연습을 규칙적인 습관으로 만든다. 계속 질문을 던져본다. "지금 나는 어디에 주의를 기울이고 있지?"

마음 듣기의 목적은 마음과 친밀해지는 것이다. 마음이 어떤 식으로 말하고 움직이는지, 마음이 쓰는 속임수와 선동, 전술에 빠삭해져야 한다. 마음에 익숙해질수록 생각이 떠오르거나 관심을 가져달라고 유혹의 손짓을 보낼 때 속절없이 휘말리지 않고 더 많이 들을 수 있다. 그러면 마음속에 어떤 경험을 만들어낼지에 대한 선택권이 생긴다.

생각은 우리 자신의 목소리로 말을 걸어오기 때문에 자신과 별개의 것으로 보거나 듣기가 매우 어렵다. 부정적인 생각은 우리의 믿음, 두려움, 과거의 경험 같은 것들을 이용해 주장을 펼친다. 그래서 생각은 꼭 나 같고 나처럼 생각하고 나와 의견이 똑같고 나처럼 느끼는 것 같지만 (다행히도) 생각은 내가 아니다. 오리처럼 걷고 말하고 꽥꽥거리지만 오리가 아니다!

생각을 자신과 별개의 것으로 보려면 머릿속에서 일어나는 활동과 소음을 믿거나 그것에 탐닉하지 않고 일관적으로 유심히 귀 기울이는 습관을 길러야 한다. 마음의 라디오에 귀 기울이는 기술과 습관을 키워야 한다. 아무리 볼륨이 작아도 우리는 자신도 모르게 항상 마음의 소리를 듣는다. 마음 듣기는 부정적인 생각에서 벗어나기 위한 중요한 연습이다. 마음 듣기 없이는 절대로 자유로워질 수 없다.

인정과 수용으로 떨어져 나오기

부정적이거나 강박적인 생각, 모든 유형의 과도한 생각을 의식하자마자 가장 먼저 해야 하는 일은 우선 멈추고 쳇바퀴에서 발을 떼고 인정하는 것이다. 생각이 떠오르고 있으며 자신이 생각에 사로잡혔다는 사실을 인정해야 한다. 생각의 홍수와 폭주, 공격, 지배 등 지금 이 순간의 현실을 그냥 표현하는 것이다. 잠시 멈추어 말한다. "와, 나 정말 생각에 사로잡혔구나." 혹은 "생각이 마구 방망이질을 하네." 등 그 순간에 맞는 표현으로 현실을 인정하면 된다. 그렇게 함으로써 의도적으로 생각으로부터 거리를 둔다. 나는 생각을 듣는 존재일 뿐 생각에 의해 정의되지 않는다는 사실을 확인하는 것이다. 나(의식)와 그것(생각)이라는 두 개의 따로 떨어진 실체가 만들어진다.

마음속에서 무슨 일이 일어나고 있는지 알아차리는 순간은 안도감을 느끼기 시작하는 순간이다. 생각의 존재를 인정하면 아이러니하게도 생각과 생각의 폭풍으로부터 해방될 수 있다. 인정함과 동시에 생각에 푹 잠기는 것이 아니라 따로 떨어진 안전한 해안으로 가서 생각을 관찰할 수 있게 된다.

생각을 인정하고 수용하는 단계에서 부정적인 생각에 이름을 붙이는 것도 도움이 될 수 있다. 자기 안의 부정적인 목소리에 이름을 붙이면 부정적인 메시지가 가벼워지고 거기에서 나를 분리할 수 있다. 이름을 붙이면 공간이 만들어진다. 여러 가지 이름을 사용해도 된다. 언제나 최악의 상황을 상상하며 다 잘못될 것이라고 말하는 마틸다, 항상 내가 얼마나 잘못되고 부족한 사람인지 지적하고 비판하는 바버라, 부당한 취급을 받은 일을 곱씹기 좋아하는 불만투성이 할. 원한다면 어떤 감정을 떠올리게 하는 사람의 이름을 비슷한 생각에 붙여도 된다. 생각이 떠오를 때마다 그 목소리를 적절한 이름으로 불러주는 것이 중요하다. 아, 마틸다가 또 다 잘못될 것이고 실패할 것이라고 말하려고 나타났구나. 잘 들었어, 마틸다. 이제 그만 가봐!

자기 자비

부정적인 생각이 떠올랐다는 사실을 알아차리면 잠시 멈추고 그 진실에 이름을 붙일 필요가 있다. 폭풍의 중심에서 자신에게 자비를 베풀어야 한다. 가슴에 한 손을 얹고 심호흡하며 이렇게만 말해도 된다. "이건 중요해. 내 경험은 중요해." 치유 과정에서 자신에게 가장 기본적이고 애정이 담긴 진실(내 고통이 중요하다는 진실)을 떠올리는 것만큼 중요한 일은 없다. 나는 중요하다. 이 진실을 아는 것(깨치는 것)이 모든 변화의 핵심이다.

더 많은 친절을 원하거나 필요로 한다면 "와, 나 정말 갇혔구나." 혹은 "정말 괴로워." "정말 그만했으면 좋겠어."라고 말할 수도 있을 것이다. 뭐라고 말하든 자신의 경험을 존중해주는 시간을 갖는다. 지금 자신이 어떤 상태에 있는지를 느낀다. 자신의 경험을 인정해주는 자비로운 멈춤은 자신이 자초한 불친절함으로부터 벗어나는 과정에서 매우 중요하고 피할 수 없는 단계다.

마음 듣기, 알아주고 받아들이기, 자비는 생각 중독에서 회복되기 위한 핵심이다. 변화의 토대를 마련해준다. 일단 마음속에서 일어나는 일을 알아차리고, 자신에게 한 일을 인정하고, 그런 경험을 한 자신에게 자비를 베풀면 다양한 숙고와 연습을 시도해볼 수 있게 된다.

마음에 호기심을 가져라

경고. 만약 생각에 귀 기울이고 인정한 후에, 다시 생각과 싸우거나 바꾸려고 하거나 틀렸음을 증명하거나 소멸시키려 한다면 또다시 부정적인 생각이 자아와 합쳐져서 활성화된다. 우리가 생각과 싸우는 데 쏟는 시간과 관심은 실제로 생각을 강하게 만들고 공격력을 키운다. 우리가 뭔가에 저항하면 그것은 우리 자신의 싸움 에너지를 연료 삼아 복수심으로 더 강하게 저항한다. 그러니 비록 본능에 어긋나는 것처럼 보이지만, 가장 위험하다고 느껴지는 대상과 싸우는 것을 포기하고 대신 호기심을 가져야 한다.

그런 순간에 다음의 질문을 떠올리고 이야기로 공유하면 그 힘이 작용하는 것을 느낄 수 있다.

나는 지금 이 순간 무엇을 믿는가?

카라는 어린 시절부터 사귀어온 가장 친한 친구와 산책을 하고 있었다. 웃으며 즐거운 시간을 보내고 있을 때 친구가 농담 삼아 자신은 친구를 쉽게 사귀지 못한다고 말했다. 거기에 대고 카라는 유쾌하고 다정하게 "그래도 나랑은 친구잖아."라고 했다. 하지만 친구는 "그래."라고만 대답했고, 카라는 미적지근하고 성의 없는 그 대답이 실망스럽기까지 했다. 그 전까지는 분위기가 좋았는데 순간 카라는 상처받고 화가 나서 혼자 집으로 가버렸다.

집으로 돌아가는 그녀의 머릿속에서는 생각의 태풍이 점점 거세지고 있었다. 그 중심에는 가장 친한 친구가 서로 유대감으로 이어진 기분 좋은 순간을 일부러 망쳤다는 생각이 자리했다. 중학교 때 그녀와 친구가 된 사실을 친구는 전혀 행운으로 여기지 않으며 다른 친구를 원했을 것이라는 생각도 들었다. 한 걸음 내디딜 때마다 점점 더 자신이 만든 이야기를 확신하게 되었고 분노와 원망, 상처도 커졌다.

하지만 집에 돌아오자 이런 질문이 떠올랐다. 방금 전에 떠오른 생각을 믿기로 한 선택이 나를 행복으로 이끌었는가, 불행으로 이끌었는가? 정답은 쉬웠다. 카라는 지금의 생각에 계속 집중한다면 저녁은 물론이고 앞으로 며칠 동안 끔찍한 시간이 계속되리라는 것을 알 수 있었다. 그렇지만 다른 선택을 해서 앞으로 36시간 동안 펼쳐질 상황을 바꾸는 것이 정말 가치 있을지 확신이 서지 않았다.

하지만 그녀가 다음에 떠올린 질문은 재빨리 머릿속의 이야기에서 벗어나 다른 행동을 취하도록 만들었다. 그녀는 자신의 이야기를 정말로 믿는지 스스로에게 물어보았다. 내가 친구와의 대화에 부여한 의미가 정말 사실이라고 믿는가?

이런 질문들을 하면서 카라는 자신이 사실이라고 믿지도 않는 무언가를 괜히 부풀려서 생각하고 있다는 것을 깨달았다. 그녀는 친구가 자신에게 상처 주려고 했다거나 그녀 대신 다른 친구를 원했다는 것도 믿지 않았다. 그러자 현재의 생각에 집중하고 마치 그것이 사실인 양 반응하는 것이 얼마나 우스꽝스러운지 알 수 있었다. 또한 친구에 대해 완전히 다른 감정도 느껴졌다. 친구가 자신에게 상처 주고 싶어 하지 않는다는 것을 깨닫자 친구의 친절에 감사한 마음이 들었다.

내가 알아야 할 것은 무엇인가?

세라는 남편과 크게 다투었다. 그녀는 몹시 화가 나 있었다. 남편은 그녀의 말에 전혀 귀 기울이지 않고 예전에 한 말을 기억하지도 못할 뿐 아니라 똑같은 말을 반복해야 한다는 사실에 대해 그녀가 좌절감을 표현하자 방어적인 태도를 보였다. 그녀는 이 사실을 계속 곱씹었다. 나는 같은 내용을 되풀이하는 그녀의 이야기를 들은 후 만약 무엇을 안다면 지금의 생각을 내려놓을 수 있겠냐고 물었다. (남편이 집중하는 방법을 배울 필요가 있다는 사실 외에) 어떤 진실이나 이해가 그녀를 생각의 고리로부터 해방시키고 불만을 곱씹고 고통을 반복하는 것을 멈추게 할 수 있는가? 그녀는 한동안 말이 없었다. 마침내 그녀가 입을 열었을 때 한 말은 나뿐만 아니라 그녀 자신도 놀라게 했다. 더욱 놀라운 것은 그녀가 알아야 할 사실은 추가적인 확인 없이도 알 수 있는 것들이었다.

세라는 두 가지를 발견했다. 첫째, 만약 그녀가 근본적으로 남편을 필요로 하지 않고 그가 행복하거나 잘 지내기를 바라지 않는다면 불만 섞인 생각의 고리에서 해방될 수 있을 터였다. 그녀가 남편 없이도 괜찮으리라는 사실을 알 수 있다면 남편이 그녀가 한 말을 계속 잊어버려도 그녀의 기본적인 행복은 그의 변화에 의존하지 않을 것이다. 그녀는 스스로에게 필요했던 말을 직접 해주었다. "난 남편이 있든 없든 괜찮을 거야." 이렇게 소리 내어 말하자 자신의 행복에 집중할 수 있었고, 자신의 마음 그리고 남편과의 싸움을 끝낼 수 있었다.

이 질문을 통해 세라는 또 다른 중요한 사실을 깨달았다. 그녀는 남편에게 왜 그의 행동에 화가 났는지 설명할 필요가 없다면, 남편이 동의하고 공감하게 만드는 것이 그녀의 책임이 아니라면, 기존의 생각 패턴을 뒤로하고 앞으로 나아갈 수 있다는 사실을 발견했다. 그러면 자신이 옳다는 사실을 곱씹으며 남편에 대한 원망이 타당하다고 확인하는 일로부터 자유로워질 수 있을 터였다. 또한 남편에게 꼭 이해받지 않아도 자신의 감정이 정당한 것임을 알 수 있다면 그녀는 괜찮을 것이다. 머릿속의 투쟁도 끝날 것이다.

자신이 알아야 하는 것이 무엇인지 분명하게 짚어본 세라는 놀랍게도 이미 다 아는 것들임을 깨달았다. 그녀는 자신의 감정이 존재하기 위해 남편의 이해나 인정이 필요하지 않으며 그 어떤 설명이나 방어 없이 친절한 대접을 받을 가치가 있음을 직감적으로 알고 있었다. 하지만 지금까지 자신의 감정을 남편이 이해하도록 설명해줘야만 한다고 믿었고, 남편의 이해를 얻어야만 비로소 인정받고 안도할 수 있다고 믿었다. 자신의 감정을 남편에게 이해받아야만 괜찮아질 수 있다고 말이다. 그러나 세라는 설명하지 않고도 자신의 경험에 직접 다가감으로써 그러한 생각과 믿음을 뛰어넘을 수 있었다.

그 결과 속상한 감정과 공감받을 권리를 곱씹는 고통스럽고 강박적인 생각에서 벗어났다. 이미 알고 있는 사실을 새롭게 발견함으로써 그녀가 원했던 친절과 이해를 얻었다.

이 질문을 하는 것은 자기 자비의 행동이다. "내가 이 생각을 떨쳐버릴 수 있도록 자유로워지려면 무엇을 알아야 하는가? 이것만 알 수만 있다면, 앞으로 나아갈 수 있을 거야." 다음번에 부정적인 생각의 고리에 갇히면 이 질문을 해본다. 내가 이 질문을 자기 자비의 행동이라고 부르는 이유는 답을 얻기도 전에 어떤 마음의 공간으로 우리를 초대하기 때문이다. 그 공간은 우리가 직감적으로는 알지만 아직 공식화하거나 스스로 알거나 느끼도록 허락하지 않은 무언가를 담고 있다. 우리가 이 질문의 답을 찾는 장소는 우리 마음의 그리움이 깃든 곳이다. 우리가 진짜 상처와 직관, 진정한 지혜를 짊어지고 가는 곳이다. 묻고 발견하는 것 자체가 친절의 행위다. 완전한 관심을 거의 받지 못하는 우리 안의 갈망과 진실을 알아봐주는 것이기 때문이다. 무엇이 나를 자유롭게 하고 앞으로 나아가게 할 것인가? 이 질문을 해보면 여러 가지 답이 나올 것이다. 모두 사실일 수도 있지만 보통 우리가 짊어진 진짜 고통은 건드리지 않는다. 대개는 우리가 이미 아는 답들이다. 이미 해결된 것처럼 틀만 바뀐 오래된 불만 목록이다. 그러나 이 질문을 마음속 깊은 곳에 던지고 잠시 멈추어 진정한 답을 들어보면 의미 있는 답이 나온다. 그 답은 그 자체로 우리가 앞으로 나아갈 수 있도록 도와준다.

나에게 가장 필요한 것 주기

자신이 알고 싶은 것을 알게 되면, 그토록 원하는 위안과 지혜를 자신에게 줄 수 있다. 중요한 것은 아직 100퍼센트 확실하거나 진실하다고 느껴지지 않아도 가능하다는 것이다. 속으로 말하든 소리 내어 말하든 우리가 듣고 싶어 하는 말을 해주는 것만으로도 위로가 되고 마음이 진정되며 자기 자비로 가득 찬다. 자신에게 이렇게 말해줄 수 있다. "무슨 일이 생겨도 넌 괜찮을 거야." "사랑해, 이 일이 어떻게 되더라도 넌 괜찮아." "이 상황이 변하지 않더라도 넌 행복할 수 있어." 연약한 부분을 달래주는 사랑과 응원의 말을 자신에게 해주고 또 받음으로써 상처에 안도와 위안을 주어 자유로워지는 것이 핵심이다. 의지만 있다면 이 질문과 제안은 과도한 생각을 막는 강력한 도구가 될 수 있다.

내려놓는 두려움을 마주하라

반복되는 생각의 고리에 갇히면 생각이 놓아줄 때까지

똑같은 회오리바람을 타고 빙빙 돌 수밖에 없는 것처럼 느껴진다. 하지만 끔찍한 생각의 고리에 갇히는 것이 그 누구도 아닌 우리 자신의 선택인 것처럼 느껴질 때도 있다. 어떤 생각에서 벗어나려고 할 때 생각의 고리를 이어가 그 안에 계속 머무르려는 절박함이 느껴진다. 생각을 외면하는 것이 생존을 위협하는 생사의 문제처럼 느껴질 수도 있다. 생각을 버리는 것이 생각에 머무르는 것보다 훨씬 더 나쁘게 느껴진다. 그런 경우에는 그 강렬함을 자기 인식을 높이는 기회로 삼을 수 있다. 스스로에게 이렇게 묻는다. "이 생각을 내려놓고 앞으로 나아가면 무엇을 잃을까 봐 두려운가? 어떤 희망이나 가능성이 위협받는가? 내 어떤 부분이 죽을까?"

특히 생사를 좌우하는 듯한 반복적인 생각의 고리는 특정한 자아상이나 정체성을 보존하거나 지지하려고 하는 경우가 많다. 여기에는 어떤 믿음이 작용한다. 남들에게 내가 원하는 모습의 사람으로 인식되어야만 내가 자신을 그런 사람으로 경험할 수 있고 진짜 그 사람이 될 수 있다는 믿음이다. 나의 정체성이 타인에게 달려 있으므로 나에 대한 타인의 인식을 바로잡고 통제해야 한다는 생각을 멈출 수 없다.

특정한 방식으로 인식되고 경험되고자 하는 욕구는 중독적인 생각을 낳는다. 이런 종류의 생각은 접착력이 워낙 강해서 내려놓기도 힘들다. 만약 자신의 정체성을 보존하고 지키려는 집착을 멈춘다면 나에 대한 사람들의 이야기가 진실이고 정말로 나를 정의한다는 위험을 감수해야 하기 때문이다. 내려놓으면 내가 원하는 사람으로 비치기를 포기해야 한다. 때로는 자신을 그런 모습으로 경험하는 것을 포기한다는 뜻이기도 하다. 이 두 가지는 서로 연결되어 있다. 더군다나 우리의 진정한 모습, 선함, 가장 좋은 모습을 보여줄 수 있는 기회가 사라질 것이다. 그런 생각의 고리를 끊는 것은 가장 좋은 나를 죽게 하는 것과 마찬가지처럼 느껴진다. 좀 이상하고 모호하게 들리는 이야기이지만 우리 마음속에서는 이런 종류의 생사를 건 싸움이 항상 벌어지고 있다.

단호하게 'NO'!

우리는 부정적인 생각을 끊임없이 반복한다. 그렇다면 도움 되는 생각도 똑같이 맹렬하게 반복하는 건 어떨까? 바로 이런 생각을 반복해야 한다. '아니! 난 나에 대한 부정적인 말을 듣지 않고 믿지 않고 관심을 기울이지 않고 존중하지 않고 곱씹지 않을 거야.' 우리가 가진 무기 중에서 부정적인 생각에 대항하는 가장 강력한 무기는 가장 단순하다. 명료하고 직접적이고 냉철한 생각(지시)은 지금까지 발명된 어떤 정교한 전략보다 더 효과적이고 확실하다. 마음속에서 무슨 일이 일어나든, 어떤 생각이 불쑥 나타나든, 그 생각을 듣든 듣지 않든 당신은 최후의 거부권을 가지고 대담해질 수 있다. 이 진실을 전혀 알지 못했거나 실천한 적이 없을지라도, 당신은 생각에 대고 "아니. 멈춰. 저리 가. 그만해!"라고 말할 수 있다.

단순하지만 확실한 자기 보호 주문이 담긴 만트라를 만들어서 자기 공격 충동이 생길 때마다 사용할 수도 있다. 부정적인 자기 공격이 어떤 형태인지에 따라 만트라는 이런 식이 될 수 있다. "아니! 난 나에게 수치심을 주지 않을 거야. 내 탓이라고 하지 않을 거야. 나를 비난하지 않을 거야. 나를 놀리지 않을 거야. 나를 공포에 떨게 하지 않을 거야. 나를 가치 없게 여기지 않을 거야. 나 자신에게 못된 말을 하지 않을 거야. 무슨 일이 있어도 절대로!"

무슨 일이 있어도 절대 그러지 않겠다는 마음만 있으면 이 만트라를 사용할 수 있다. 'No 카드'는 떠오르는 생각을 조사하거나 반박하거나 틀렸다는 것을 증명하지 않아도 얼마든지 사용할 수 있다.

우리가 커다란 확신을 갖고 이 확언을 받아들이면 굳이 정당화하지 않아도 'No 카드'를 사용할 수 있는 보상이 따른다. 불친절한 기미를 조금이라도 풍기는 생각이 떠오르면 'No 카드'를 써서 그대로 내버려 둔다. 마음만 먹으면 지금 당장부터 사용할 수 있는 카드라 더 좋다.

"바꿀 수 있는가?"라고 묻기

도구 상자에서 꺼낼 수 있는 질문이 또 있다. 이 질문은 과도한 생각의 주요 원인인 지속적인 통제를 원하는 강력한 욕구를 겨냥한다. 자신에게 묻는다. "내가 (생각을 통해) 통제하려는 이 상황은 정말로 내가 통제할 수 있는 것인가? 나에게 이 상황을 바꿀 힘이 있는가? 얼마나 오랫동안 바꾸려 했으며 지금까지 효과가 있었는가?" 정말로 통제가 이루어지는 상태인지에 대한 질문을 깊이 살펴보아야 한다. 이 질문들은 (비판이나 조롱이 아닌 호기심으로 물을 때) 우리가 아무리 상황이나 사람에 대해 원하는 대로 생각하려 해도 사실은 결과를 통제할 수 없음을 깨닫도록 도와준다. 오랫동안 노력했지만 바꾸고 싶은 것을 바꾸는 데 실패하고 나서야 통제할 수 없는 상황임을 깨닫기도 한다. 그래도 자신이 통제할 수 있는 일이 아님을 알면 강박적인 생각의 부조리함과 무의미함도 이해하게 된다.

통제할 수 없다는 깨달음은 자유의 새벽이 밝아온다는 뜻이다. 바꾸고 싶은 것을 바꿀 수 없다는 사실을 깨달으면 역설적으로 자유로워진다. 우리는 더 이상 그 문제에 얽매이지 않으며 상황을 바꿔야 하는 책임도 없어진다. 내가 무언가를 바꿀 수 없다는 사실이 때로는 가장 반가운 소식일 때도 있다.

신이나 우주의 위대한 지적 존재를 믿지 않는 사람이라도 평온을 구하는 기도가 큰 도움이 된다. 기도 대상이 신이나 고귀한 존재여도 되지만 꼭 그렇지 않아도 진실한 간청은 효과적이다. 평온의 기도는 이런 식으로 이루어진다. "내가 바꿀 수 없는 것들은 받아들이는 평온함을 주시고, 바꿀 수 있는 것들은 바꾸는 용기를 주시고, 이 두 가지를 구별할 줄 아는 지혜를 주시옵소서." 통제할 수 없는 것을 통제하려고 생각하는 자신을 발견할 때마다 언제든 이 기도문을 외운다. 바꾸거나 통제할 수 없는 것을 받아들이게 해달라는 이 소박한 기도는 과도한 생각과 고통으로부터 해방되기 위해 매우 중요하다.

방법을 바꾸려는 의지가 있는지 묻기

모든 변화 과정의 핵심에는 근본적인 질문이 자리한다. "다르게 할 의지가 있는가? 변화할 의지가 있는가?" 만약 이 질문에 '그렇다'라고 대답할 수 없다면, 아직 변화할 준비가, 자유로워질 준비가 되지 않은 것이다. 자신에게 묻는다. "무슨 일이 있어도 변화할 준비가 되었는가?" 준비되지 않았어도 괜찮다. 지금 당장은 그냥 호기심 정도만 있어도 괜찮다. 이 질문에는 정답이 없다. 하지만 자신이 변화 과정에서 어디에 놓여 있는지에 대해서는 솔직해야 한다.

생각 중독에서 벗어나기 위해 기존과 다른 선택을 한다는 것은 내려놓는 것이 현명하지 않다고 생각되더라도 생각을 내려놓는다는 뜻이다. 아직 믿음이 가지 않더라도 새로운 시도를 해야 한다. 지금까지 해온 방법이 효과적이지 못하니까 새로운 방법을 시도하는 것이다. 또한 생각을 낱낱이 파헤치려 하지 않고, 정리되지 않고 해결되지 않은 상태로 그대로 두어야만 다른 결과가 나올 수 있다.

더 많은 생각을 통해서가 아니라, 행복과 평화로 가는 다른 길이 있을 수 있다는 사실을 고려하는 의지를 통해 변화가 일어난다. 생각에만 의존하면 절대로 볼 수 없는 새로운 방법이 있을지도 모른다. 궁극적으로 생각이 인생의 해결책이 아니며, 오히려 문제일 수도 있다는 가능성을 기꺼이 고려해야 한다.

기존의 것과 근본적으로 다른 급진적인 선택은 생각의 회오리 안에서 일어나야 한다. 생각과 머릿속 이야기를 계속 내려놓고 의도적으로 관심을 현재로 돌려보낸다. 이것이 바로 기존과 다른 시도다. 이 과정을 통해 변화하는 것은 우리 자신이다. 우리는 생각 그 자체에서 생각을 내려놓는 사람으로 변한다. 이것이 우리가 기꺼이 걸어야 할 새로운 길이고 기꺼이 행해야 할 변화다.

나는 나의 생각이 아니라는 새로운 깨달음을 얻고 마음의 특정한 패턴과 양식을 관찰하기 시작하면 현실도 새로워지기 시작한다. 생각과 다른 방식으로 관계를 맺는다는 것이 무슨 뜻이고 자신의 생각 과정과 습관에 어떤 변화가 필요한지 세심한 주의를 기울이는 것이 중요하다. 이 책에서 제시하는 방법을 실행하되 자기 안의 지혜를 무시해선 안 된다. 마음에 귀를 기울여라. 그 자체가 생각이 아님을 알고 자유도 아는 깊은 의식을 깨우는 것이 목표다. 이 의식은 생각이 빼앗아 갔던 삶과 이 순간을 당신에게 되돌려준다.

8장   놓치고 있는 삶으로
돌아와라

지나친 생각은 마음속의 어둡고 위험한 장소로 우리를 데려간다. 그것만은 확실하다. 생각은 또한 도둑이다. 현재를 낚아채고 결과적으로 우리의 삶을 강탈한다.

생각하느라 바쁠 때 우리는 지금 여기에 없다. 주의가 다른 곳으로 향한다는 것은 우리가 다른 곳에 있음을 의미한다. 하버드 대학교의 심리학자들은 우리가 전체 시간의 거의 50퍼센트 동안 생각에 잠겨 있다는 것을 발견했다. 문자 그대로 우리는 인생의 절반 동안 현재 일어나고 있는 일에 주의를 기울이지 못한다.[14]

몸은 영원히 현재에 머무른다

내면의 생각하는 사람이 어디에 있는지, 생각하는 내가 몸의 어디에 살고 있는지 상상할 때, 대부분의 사람은 눈 뒤쪽이나 머릿속을 떠올린다. 우리는 나라고 부르는 이 실체, 생각하는 사람을 두개골 안에 존재하는 자신의 축소판으로 여긴다.[15]

일반적으로 우리는 깨어 있을 때 생각하고 그때 주의와 에너지는 머릿속으로 집중된다. '머릿속에 산다'는 표현이 그래서 나온다. 이렇게 머리를 중심으로 자신의 존재를 인식하므로 신체와는 연결이 끊어진다. 목 아래로 하나의 우주가, 머리를 운반하는 유기체가 있다는 사실을 잊어버린다. 우리는 결국 떠다니는 작은 머리, 생각의 구름처럼 몸의 현실과는 이어지지 않은 채 돌아다닌다.

하지만 아무리 머릿속에서 살아가는 시간이 많아도 몸은 여전히 여기에 있다. 여전히 제 할 일을 하며 우리를 살아 있게 한다. 몸은 주의가 현재로 향하는지에 상관없이 지금 여기에 존재한다. 생각이 우리를 현재에서 과거나 미래로, 마음속에서 상영되는 영화 속으로 데려갈 때도 몸은 지금 일어나야 할 일에 집중한다.

몸은 지금 이 순간을 포함한 매 순간 우리를 숨 쉬게 하고 장의 음식물을 소화시키고 간을 통해 피를 걸러내고 심장이 뛰도록 신호를 보내는 등 수많은 생명 유지 기능을 수행한다. 몸은 체크아웃하거나 잠시 정신을 딴 데 파는 사치를 누리지 못한다. 몸이 세상을 떠나면 우리도 영원히 세상을 떠난다. 놀랍게도 인간은 심오한 지혜로 창조되었다. 우리의 생존과 관련된 과제들은 마음이 아닌 다른 곳에 할당되었다. 명상을 해본 사람이라면 열 번은커녕 단 한 번의 호흡에 주의를 집중하는 것이 얼마나 어려운 일인지 잘 알 것이다. 만약 심장이 계속 뛰는 것이나 몸의 생명 유지 활동이 우리의 주의에 의존한다면 어떻게 될지 상상해보자. 생존을 위해 굳이 생존에 신경 쓸 필요가 없다는 것은 좋은 일이다. 무엇보다 그것은 우리가 잠시 동안 머물 수 있다는 것을 의미하지만 또한 놀라운 선물이 무료로 제공된다는 뜻이기도 하다. 우리의 머리 남쪽에는 지금 이 순간으로 들어갈 수 있는 누구나 간단히 이용 가능한 입구가 있다. 감각에 주의를 집중하는 순간, 지금 이 순간으로 향하는 직항 편에 올라탄 것이다.

연습법

머리에서 나와 몸속으로 들어가기

의식적으로 주의를 머리에서 몸으로 옮긴다. 끊임없는 생각의 실타래를 푼다. 심호흡을 한다. 몸의 무게감과 존재, 살아 있음을 말해주는 몸 안의 웅웅거림을 느껴본다. 온전히 현재에 머무르는 것을 느낀다.

몸 안에서 사는 것이 어떤 느낌인지 탐구한다. 무언가를 하지 않고 그냥 존재하는 것이다. 원하거나 필요할 때 언제든지 내면의 이 장소로 들어갈 수 있다. 영원히 현재에 머무는 몸은 당신이 다시 오기를 기다린다.

감정을 직접 경험하는 법 배우기

생각은 몸에서 멀어지게 하지만 감정도 피하게 만든다. 우리는 어떤 감정을 느끼고 싶지 않을 때, 그것이 무엇인지 정확히 알지 못하더라도 생각을 탈출 방법으로 사용한다. 우리는 문제에 대해 생각하는 데 매우 능숙하고 잘 훈련되어 있으며 몇 시간, 며칠, 몇 주, 심지어 평생 동안 문제를 요리조리 뒤집어 살피는 방법을 알고 있다. 하지만 감정을 실제로 느끼는 것에는 익숙하지 않을 때가 많다. 어려운 감정을 두려워하고 느껴도 된다고 스스로 허락하면 영원히 그 안에 갇히게 될 것이라고 확신한다. 감정이 불편하게 느껴지는 위기 상황에 대처하기 위해 마음은 우리를 더 친숙하고 안전한 방향으로 이끈다. 문제에 대해 생각하느라 몹시 바빠진다. 생각을 해석하고 분석하고 해결책과 전략을 고안한다. 이 모든 것이 전부 감정을 느끼지 않으려는 위장 수단이다. 마음은 항상 어려운 감정을 느끼기보다 생각하는 쪽을 선택한다. 생각은 우리가 경험을 피하기 위해 활용하는 가장 효과적이고 남들 눈에도 이상하지 않아 보이는 방법이다.

놀랍게도 우리는 감정을 직접적으로 경험하는 법을 배운 적이 없다. 대부분의 사람들은 감정에 대해 생각하는 것이 감정을 느끼는 것과 같지 않다는 사실조차 깨닫지 못한다. 우리는 어릴 때부터 찬성과 반대 목록을 만드는 법, 감정의 원인을 조사하고 숙고하는 법, 어떤 감정을 왜 느끼는지 이해하는 법, 무엇보다도 감정을 일으키는 문제에 대한 해결책을 찾는 법을 배운다. 이 모든 정교한 정신 활동은 흥미롭고 경험을 이해하는 데 도움도 되지만, 우리를 감정 그 자체로부터 멀리 떨어지게 한다. 우리는 '왜' 질문을 좋아한다. 왜 이런 감정을 느낄까? 하지만 '무엇' 질문에서는 도망친다. 내가 실제로 느끼는 감정이 무엇인가? 그리고 감정을 실제로 느끼는 것은 더 빨리 도망쳐서 피한다.

문제에 대해 생각하고 말하는 것은 감정으로부터 우리를 멀어지게 하기 위해 고안되었지만 실제로는 감정에 갇히게 한다. 어려운 감정을 헤쳐나가는 유일한 방법은 그 감정을 통과하는 것뿐이다. 감정이 치유되고 바뀌려면 감정을 느껴야 한다. 감정을 생각하거나 말하는 게 아니라 경험해야 한다.

연습법

몸에 묻기

배로 깊고 느리게 숨을 쉰다. 긴장을 풀고 몸의 감각을 느껴본다. 천천히 지금 이 순간에 주의를 집중한다. 스트레스를 느끼게 하는 상황(또는 관계)을 하나 고른다. 심각한 트라우마나 불안을 일으키는 문제가 아니라 10점 중 6~7점 수준의 스트레스여야 한다. 심장에 손을 얹는다. 편안하게 느껴지면 배에도 얹는다. 이제 스스로에게 물어본다. 이 상황이 어떤 느낌인가? 몇 분 동안 무슨 일이 일어나는지 가만히 들어본다.

아마도 첫 번째 질문의 답은 당신이 이 상황에 대해 느끼고 생각하는 것에 대한 설명이나 묘사가 될 것이다. 당신이 왜 그렇게 느끼는지에 대한 해석이나 요약에 해당하는 생각이 떠오를 것이다. 첫 번째 대답은 일반적으로 마음에서 나온다. 당신이 느끼는 감정이 옳은 이유를 나타내준다.

다시 물어본다. 이 상황이 어떤 느낌인가? 이번에는 머리에 묻지 않는다. 직감, 가슴 등 옳다고 느끼는 곳에 묻는다. 이 상황을 품고 다니는 것이 어떤 느낌인지 몸에 물어본다.

문제를 안고 다니는 것이 어떤 느낌인지 몸에 물어보면 보통은 지적인 것과 거리가 먼 대답이 나온다. 느껴지는 감정과 관련된 표현이 나올 것이다. "아파." "화가 나." "슬프고 가슴이 무너져." "배가 아프거나 가슴이 뭉치거나 머리가 어지러워." 같은 대답이 나올 수도 있다. 이 두 번째 단계의 목적은 그 상황에 대한 머릿속의 이야기를 지나쳐 감정적, 육체적 경험으로 옮겨 가는 것이다. 머리에서 몸으로 이동하여 그 상황을 경험한다.

몸 어디에서 이 상황을 경험하는지, 어떤 식으로 표현되는지 주목한다. 판단 없이 그냥 알아차린다. 이제 세 번째 질문을 던진다. 하지만 그 상황에 대해 어떻게 느끼는지 질문하기보다는 단순히 그 상황과 지금 이 순간의 감정을 느껴보려고 한다. 상황이나 감정을 묘사하거나 설명하려고 하지 않는다. 몸 어디에 감각이 존재하는지 느껴본다. 가슴에 손을 얹은 채 이름 붙이거나 판단하지 않고 가슴이 어떤 느낌인지 느껴본다. 배에도 똑같이 한다.

이렇게 하는 이유는 느껴지는 감정을 자신에게 보고하

는 것이 아니라, 안에서 일어나는 일을 설명하지 않고 그저 직접적으로 느껴보기 위해서다. 가슴이 조이거나 배 속이 울렁거리거나 전체적으로 몸이 무거워지는 느낌이 있다면 그 느낌 자체를 그냥 느껴보면 된다. 안에서 무슨 일이 일어나고 있는지 자신에게 말하지 않는다.

회피의 참호 밖으로 나가기

우리는 감정을 느끼지 않으려는 방법뿐만 아니라, 삶에 진정한 변화를 주는 것을 피하는 방법으로서 과도한 생각을 이용한다. 한 내담자는 이렇게 표현했다. "만약 제가 결혼 생활에 대해 끊임없이 생각하면서 문제를 파헤치는 것을 그만둔다면, 저는 정말로 이혼해야 할지도 몰라요." 물론 어려운 상황에 대해 생각하면 다음에 취할 단계를 결정하는 데 도움이 되지만, 정작 변화로 이어지는 행동을 미루거나 피하려고 생각을 사용할 때가 많다. 우리는 잘못된 것들에 대한 생각을 고안하고 수정하고 상황을 더 좋게 만드는 온갖 흥미로운 전략과 합리적인 시간표, 좋은 아이디어를 생각해낸다. 하지만 그 과정에서 생각과 계획에 갇힌다. 많은 시간을 들여 생각해낸 단계를 실제로 실행하는 데 실패한다. 결국 생각이라는 모래의 늪에 갇혀 앞으로 나아가지 못한다. 그런데도 우리를 꼼짝 못 하게 하는 것이 생각 그 자체임을 깨닫지 못한다. 자신에게 물어보자. 해야 할 일을 하지 않는 방법으로 생각을 이용하고 있지 않은가?

허구의 삶이 아닌 진짜 삶을 선택하라

그러나 생각 중독에서 가장 문제 되는 것은 삶을 이해하는 수단으로 생각을 끊임없이 이용한다는 점이다. 마음은 항상 경험의 조각조각과 무작위적인 인식을 한데 엮어 그 정보를 우리의 삶과 우리가 누구인지에 대해 말하는 의미 있는 서사로 정리한다. 내가 작가이므로 그 이야기의 주인공은 나이고 나의 선입견과 조건을 바탕으로 줄거리가 전개된다. 삶의 서사를 만드는 것은 경험에서 의미를 찾으려는 정상적인 과정이다. 그 의도 자체에는 아무런 문제가 없다. 하지만 경험과 인식의 의미를 대본으로 쓰는 과정에서 우리는 현실감각을 잃는다. 결국 스스로 만들어내고 자신의 심리와 조건에 의해 왜곡된 현실을 믿으면서 살아간다. 현실을 있는 그대로 보지 않고 자신이 만든 현실, 머릿속에서 상영되는 영화를 뒷받침해주는 현실을 본다. 생각은 현실을 있는 그대로가 아닌 마음대로 바꿔서 보여주는 뒤틀린 거울이다.

제인은 카페에 앉아 있다가 발에 날카로운 통증을 느꼈다. 통증의 원인에 대한 온갖 생각이 홍수처럼 밀려왔다. 그녀는 몇 달 동안 운동을 하지 않다가 갑자기 달리기를 시작했기 때문이라고 판단했다. 어떻게든 하지 않으면 행복한 삶을 살 수 없다는 결론으로 이어졌다. 달리기를 그만두어서 살이 찌고 그래서 남자 친구가 없고 앞으로 고양이나 키우면서 혼자 늙어 죽을 게 분명했다. 인생이 실패했고 전부 다 자신의 책임이라는 것을 말해주는 이야기가 실타래처럼 그녀를 휘감았다. 제인은 발에 통증을 느낀 지 몇 분 만에 자신의 부족함에 대한 서사로 옮겨 갔다. 그럭저럭 즐거웠던 순간이 심각한 불안과 자기혐오의 상태로 변해버렸다. 원인은 알 수 없지만 분명 별것 아닌 듯 지나갈 수 있었던 발의 통증이 제인을 한심한 인물로 묘사하는 절망 가득한 내적 현실로 이어졌다.

또 다른 예로 릴리는 친구와 산책하던 중 친구의 얼굴에 떠오른 낯선 표정을 알아차렸다. 릴리는 혹시 치통 때문에 그러는지, 무슨 일이 있는지 묻지 않고 친구의 표정이 그녀가 준 생일 선물 때문이라고 확신했다. 릴리가 준 선물은 별로 비싸거나 특별하지 않았다. 릴리는 자신의 결혼식에 참석하지 않고 선물도 주지 않은 친구가 자신의 선물에 실망할 권리가 없다고 생각했다. 그러자 그 친구는 좋은 친구가 아니라는 확신에 이르렀다. 화가 나고 원망스럽고 방어적이 되었다. 몇 분도 안 되어 릴리는 스스로 만든 지옥에 들어가 있었다. 순전히 그녀가 만든 이야기와 현실이 친구의 표정을 왜곡했다. 릴리는 머릿속에서 펼쳐지는 영화에서만 말이 되는 이유로 초조해진 것일 뿐, 여전히 친구가 왜 그런 표정을 지었는지 정확한 이유를 알지 못했다.

우리는 인간이기에, 마주치는 모든 상황에 이런 식으로 반응한다. 자신의 조건, 상처, 믿음 체계, 기억, 모든 경험을 상황에 투영해서 원래 형태와 완전히 달라진 것으로 생각해버린다. 현실은 허구의 발판으로만 사용될 뿐이다. 우리는 있는 그대로가 아닌 자신의 생각에 따른 삶을 살아간다.

마지막으로 캐런이 있다. 최근에 그녀는 머릿속에서 만들어낸 이야기 때문에 만족스러운 직장을 잃었다. 그녀는 생각 중독의 열한 가지 기준 중에서 여덟 가지에 해당한다. 하지만 절대로 기능장애나 망상증이라고 할 수 없으며 그저 평범한 사람이다. 최근에 캐런은 동료가 업무를 제대로 처리하지 않아서 그 뒤치다꺼리를 하느라 본인의 일거리가 늘었다. 그래서 그녀는 동료에 대해 생각할 때가 많았고 그럴 때마다 원망도 늘어갔다. 캐런은 동료에게 하고 싶은 말을 머릿속에서 수없이 반복했지만 이 상황을 어떻게 생각하는지 실제로 말한 적은 없었다. 그녀는 같은 사무실에서 일하면서 알게 된 그 동료에 대한 이런저런 사소한 정보를 이용하여 머릿속으로 꽤 설득력 있는 이야기를 만들어냈다. 동료가 자기 마음대로 해도 된다고 생각하고 뒤치다꺼리는 당연히 그녀에게 맡긴다고 말이다. 캐런은 동료를 '화려한 주인공'으로, 자신은 '일꾼'으로 묘사했다. 사실 캐런은 동료의 과거나 현재 상황에 대해 거의 알지 못하는데도 동료가 왜 그런 행동을 하는지, 자신을 어떻게 보는지에 대해 구체적인 생각이 자리 잡혀 있었다.

경영진과의 회의에서 오랫동안 그녀의 마음을 장악해온

집착적인 생각이 마침내 폭발했다. 그녀는 자신의 이야기가 옳다는 확신으로 동료에 대해 머릿속으로 쓴 이야기를 사람들에게 드러냈다. 그런데 알고 보니 그녀를 강박적인 생각으로 몰아넣은 동료에게는 아픈 아이가 있었다. 경영진의 배려로 업무량을 줄인 것이었다. 분노와 무례함을 드러낸 일로 캐런은 해고되었다.

캐런은 신중하지 못한 발언 때문에 직장을 잃고 말았다. 하지만 애초에 그런 말을 하게 된 이유는 강박적인 생각 때문이었다. 의식과 의심, 자제력 없이 생각의 실타래가 마구 풀어졌다. 결국 캐런의 상황이 감당하기 어렵게 된 것은 자신이 화려한 주인공인 동료에게 굴욕적으로 이용당하는 일꾼이라는 그녀 스스로 만들어낸 이야기 때문이었다. 우리는 자신도 모르는 사이에 끊임없이 다른 사람과 상황, 자기 자신에 대한 이야기를 만들어낸다. 배우와 감독의 역할을 모두 맡아 영화를 만들고 그것이 사실이라고 믿는다.

생각은 우리에게 '이 사람은 이렇고 저 사람은 저렇다.'라고 말한다. 특히 생각은 '그들이 이렇게 생각하며 나에 대해 분명 저렇게 생각한다.'고 말한다. 우리는 어떻게든 자신이 만든 이야기를 확인해주는 증거를 찾아 나선다. 모순되거나 도움 되지 않는 것들은 전부 무시하거나 틀렸음을 입증하려고 한다. 그리고 마음속에 만들어놓은 이야기와 의미를 행동으로 옮긴다. 이 마지막 단계는 일이 정말로 잘못되기 시작하는 지점이다.

생각에 대한 믿음은 우리가 생각하는 현실이 다른 모든 사람의 현실이라는 착각에서 비롯된다. 그러나 우리가 일어났거나 일어나리라고 생각하는 일이 다른 사람들이 보는 것과 전혀 다를 때가 많다. 부부 상담 치료에서 이런 현상을 쉽게 목격할 수 있다. 두 사람이 똑같은 일을 그렇게 다르게 경험할 수 있다는 사실이 믿어지지 않을 정도다. 정말로 '똑같은' 사건에 대해 말하는 게 맞는지 의아하다. 둘이 영화관에 다녀왔는데 영화 제목 말고는 경험의 모든 내용이 다르다(심지어 제목도 서로 다르게 말할 때가 있다!). 똑같은 상황이라도 사람마다 놀라울 정도로 다르게 인식한다. 우리가 만드는 현실 이야기는 유용한 정보로 가득 차 있다. 그러나 사람이나 장소, 물건에 관한 것이 아니라 우리 자신과 우리의 생각에 관한 정보다.

우리가 자신의 삶에 대해 만드는 모든 이야기는 우리가 만든 매트릭스나 마찬가지다. 개인적인 이야기만을 바탕으로 삶을 이해하는 것은 헛되고 부조리한 일이다. 우리는 타인의 행동과 진정한 의도를 이해하고 그들이 나아지고 변하게 할 수 있다고 믿는다. 하지만 이런 해석과 판단이 있는 한 상대방과 관계를 맺는 것이 아니다. 자신의 기억, 실망, 믿음, 알고 지내온 모든 사람과 관계를 맺는 것이다. 우리는 스스로 만든 서사를 통해 자신에 대한 특정한 인식, 투영하고자 하는(또는 원하지 않는) 정체성을 확인하거나 바로잡으려고 한다. 우리가 타인에 대해 만드는 이야기는 우리 자신의 투영과 조건에서 비롯된다. 궁극적으로 우리는 상황이 아니라 자신을 본다.

나의 현실을 남들에게 강요하지 마라

사회가 제대로 기능하고 유지되려면 기본적인 현실에 동의해야 한다. 지금 이 순간 모두가 동의할 수 있는 사실은 내가 책상 앞에 앉아서 컴퓨터를 사용하고 있다는 것이다. 지금 비가 온다는 것에도 동의할 수 있다(이슬비라고 말하는 사람도 있겠지만). 우리는 삶의 구체적인 요소들에 대해 대체로 큰 어려움 없이 동의할 수 있다. 하지만 개인적인 현실, 주관적인 경험, 깨어 있는 모든 순간에 부여하는 의미에 관해서라면, 서로 완전히 다른 우주에 살고 있다.

각양각색의 현실은 그 현실을 살아가는 사람에게는 진실이다. 나의 현실이 나에게 진실인 것처럼 말이다. 우리는 자신의 현실이 공유된다고 생각하지만, 사실 하나의 물리적 세계에 수십억 개의 개인적인 세계가 공존한다. 사람마다 머릿속에 극장이 있고 제각각 다른 영화가 상영되는데도 우리는 똑같은 사건을 바라보는 똑같은 관객인 것처럼 생각하고 행동한다.

내 생각이 다른 모든 사람에게도 진실이라는 망상을 믿으면 고통스러울 수밖에 없다. 자신의 이야기에 대한 확신과 인생을 원하는 방향으로 흘러가게 해야 한다는 부담감에 갇혀버린다.

하지만 다행히도 세상이 현실을 있는 그대로 보게 하는 것, 아니면 내 마음속에 존재하는 나의 현실로 보게 만드는 것은 우리의 일이 아니다. 우리에게는 절대적인 진실을 알려야 할 책임이 없다. 다른 사람이 보는 현실을 바로잡아 줄 필요가 없다. 언제든 준비가 되면, 아예 싸움을 포기할 수 있다. 내 진실은 나에게 진실이고 다른 사람들의 진실은 그들에게 진실이다. 나의 진실을 다른 사람들의 중심에 놓을 수 없으며 그것이 절대적인 진실이 아니라는 사실을 깨달으면 외적인 세계(그리고 그 안에 있는 모든 사람)를 통제해야 한다는 필요성에서 해방된다. 내가 바라보는 현실은 중요하지만 그것은 말 그대로 내가 보는 현실일 뿐이다. 이 사실을 빨리 받아들일수록 평화를 빨리 찾을 수 있다.

현재라는 진퇴양난

　우리가 생각할 때 생각의 내용물은 보통 과거나 미래와 연관이 있다. 그러나 지금 이 순간은 과거와 미래라는 두 장소 또는 두 개념 사이의 공간이다. 지금 이 순간에는 시간이 사라진다. 현재에 완전히 몰두할 때는 생각이 필요하지 않다. 그래서 현재는 생각하는 마음에 난제를 제시한다. 지금 이 순간을 위한 장소를 어떻게 찾을 것인가? 이 문제에 대한 마음의 해결책은 종종 우리가 생각할 수 있는 어떤 것, 앞으로 일어날 일이나 이미 일어난 일에 관심을 돌리는 것이다.

　그러나 생각과 현재가 서로 부딪치면 현재에 관한 생각이 많이 쏟아져 나온다. 현재가 무엇을 의미하는지, 현재가 마음에 드는지, 그리고 가장 좋아하는 주제, 현재가 자신에 대해 무엇을 말해주는지에 대한 생각들이다. 최근에 친애하는 친구에게 진심 어린 포옹을 해주었다. 그냥 자연스럽게 나온 행동이었다. 포옹을 풀자마자 친구가 물었다. "지금 이 포옹 왜 한 거야?" 포옹을 하나의 개념으로 생각했기에 직접적으로 느껴지는 포옹의 경험은 사라져버렸다. 이처럼 우리 인간은 현재 일어나고 있는 일을 정신적인 개념으로 바꿔버린다. 생각을 통해 삶을 느끼고 경험한다.

기존의 방식에서 빠져나오기

현재로 들어가는 것은 생각보다 훨씬 쉽다. 마음은 우리가 쉽지 않다고 믿기를 바라지만 말이다. 전설적인 스포츠 심리학자 티머시 골웨이Timothy Gallwey는 『이너 게임 오브 테니스The Inner Game of Tennis』라는 책에서 지금 이 순간에 주의를 집중하는 것이 기술의 탁월함과 숙달에 중요하다고 설명한다. 골웨이는 최고의 테니스 선수들이 성공적인 스윙을 위해 무엇을 해야 하는지 많은 시간을 생각하면 한동안 정말로 스윙이 개선되지만 발전이 지속되지 않는다는 사실을 발견했다. 이내 그들은 진전 상황에 대해 생각하기 시작한다. 그것이 자신의 정체성에 대해 무엇을 말하는지, 왜 과거에는 해내지 못했는지, 어떻게 미래에도 이어나갈지. 결과적으로 성공이 절대로 잃지 말아야 할 무언가가 된다. 더 이상 개선되지 않고 좌절감만 돌아온다. 골웨이는 선수가 공이 튀어 오를 때마다 그냥 '바운스bounce'라고 말하고 공이 라켓과 접촉할 때마다 '히트hit'라고 말하면 스윙에 놀라운 개선이 일어나며 연습을 계속하는 한 개선이 영구적이라는 사실을 발견했다.[16]

'바운스'와 '히트'라는 단어는 그 자체로 혁신적인 것이 아니다. 그것은 선수들이 관심을 끄는 모든 것에 대해 생각하는 것을 막으려고 골웨이가 고안한 연습법일 뿐이다. 모든 바운스와 히트에 이름을 붙이면 선수들의 의식이 계속 현재에 머무를 수 있다. 테니스 코트에서 무슨 일이 일어나고 있는지에 대한 생각과 판단에 빠져들지 않는다. 골웨이의 코칭을 받은 선수들은 생각에서 주의를 딴 데로 돌릴 필요가 있었다. 어떻게 하면 실력이 더 좋아질 수 있는지에 대한 생각을 멈추는 법을 배워야 했다. 마음이라는 방해물을 치우고 몸이 훈련받은 대로 할 필요가 있었다.

생각에 빠져서 현재에 집중하지 못하면 자신에게서 기쁨의 경험을 빼앗는 비극이 발생한다. 생각은 기쁨을 훔치는 도둑이다. 생각에 갇히면 자연스럽게 샘솟는 감사와 경외심을 느낄 기회를 알아보지 못한다. 경이로움과 감사의 마음을 불러일으키는 순간을 놓친다. 꽃밭을 걷고 있어도 그날 아침, 혹은 2년 전에 나눈 대화에 갇혀 있게 된다. 지나가는 길마다 핀 꽃들의 이름, 아이를 정원 가꾸는 일에 참여시키는 방법, 초등학교 6학년 때 식물 키우기 과제로 창피를 주었던 선생님에 대한 생각에 사로잡혀 있을 수도 있다. 무슨 생각을 하든 최종 결과는 똑같다. 지금 여기가 우리 안의 기쁨과 놀라움을 일깨워주는 경험을 놓치고 만다. 생각은 우리 내면의 하늘을 흐리게 하고 우리의 내면과 세상에 자리한 아름다움을 보지 못하게 한다. 자신에게 한번 물어보자. 생각하느라 바빠서 놓치고 있는 것은 무엇인가?

3부

내면의 자유를 살아라

Living the Inner Freedom

9장 알지 못하는 것도 지혜다

우리는 이성과 과학의 시대에 살고 있다. 정보와 연구, 논리를 열렬하게 숭배한 나머지 이 시대를 '정보의 시대'라고 이름 짓기까지 했다. 이성이 있다는 것은 생각하고 합리적인 사고를 하고 이해하고 세상을 헤아린다는 뜻이다. 시간이 흐르면서 우리는 생각만이 해결책이라는 믿음으로 점점 더 많은 달걀을 이성의 바구니에 몰아넣었다. 생각하는 마음이 구원으로 가는 길이라고 믿었다. 오늘날 세상은 생각과 논리를 제외한 모든 앎의 방법에 흥미와 존중심을 잃었다. 신체와 직감, 경험으로 세상을 아는 방법 말이다. 나는 상담 치료 전문

가로서 30년 이상 사람들을 만나고 그들의 생각과 감정을 접해왔지만, 강연을 할 때마다 인간 행동에 관한 내 견해를 뒷받침하는 MRI나 연구 자료가 있느냐는 질문을 받는다. 이성과 과학적 증거는 이 시대의 왕으로 추앙받는다. 우리는 생각이 그 어떤 질문과 도전도 해결할 것이라고 믿는다. 기술의 폭발적인 발달과 함께 생각에 대한 믿음과 경외심은 더욱 강해지고 있다.

이 책을 집어 든 것만으로도, 생각 자체를 현미경으로 살피듯 자세히 뜯어보겠다는 의지가 있다는 것만으로도 당신은 역사의 흐름을 거스르는 것과 다름없다. 세상 모두가 받아들인 진보의 도구이자 더 나은 삶을 위해 선택한 방법에 의문을 제기하는 것이기 때문이다. 생각을 솔직한 관점으로 바라보는 것 자체만으로 이미 혁명이다. 우리는 생각 과정에 호기심을 가짐으로써 내 세상의 주인인 생각하는 마음을 왕좌에서 끌어내린다.

질문 속에서 산다는 것

소크라테스는 "내가 유일하게 아는 것은 내가 아무것도 모른다는 사실이다."라고 말했다. 소크라테스가 그렇게 말한 이후 2,500년 동안 많은 것이 바뀌었다. 이제 우리 사회는 앎이라는 문제에 대해 이 위대한 철학자의 견해에 동의하지 않는 것처럼 보인다. 21세기에 우리는 모든 것을 알아야 하고 알 수 있다고 믿는다. 답을 알려는 끊임없는 욕구가 모르는 상태를 받아들이기 싫어하는 마음과 합쳐져 과도한 생각의 원인이 된다.

우리 사회에서 미스터리는 실재가 아니다. 그것은 내 친구의 말마따나 '초자연적인 것'이다. 답을 모른다는 것은 받아들일 수 있는 답이 아니다. 우리는 태어날 때부터 아는 것이 좋다고 배웠다. 정답을 알면 선하고 가치 있는 존재라고. 어렸을 때 잘못한 게 있으면 "더 잘 알아야지."라는 말을 들었다. 답을 모르면 수치심과 무능력감을 느낀다. 그로 인해 우리는 스스로를 나약하고 결함이 있고 연약하다고 느끼고, 길을 잃는다. 알지 못하는 것은 실패와 똑같다. 반면 아는 것은 안전하다고 느끼게 해준다. 상황을 제대로 통제하는 것처럼 느껴진다. 그래서 우리는 아는 것처럼 가장하고 '연기'할 때가 많다. 그뿐만 아니라 사실이 아니거나 지속될 수 없는 대답을 서둘러 내놓는다.

그러나 우리의 믿음과 달리 살다 보면 알 수 없고 원하는 대답에 접근할 수도 없는 상황이 계속 생긴다. 앞으로 나아가는 길을 모르고 모른다는 것밖에 아무런 말도 할 수 없는 상황에 처하게 되는 것이다. 지금 여기에서 내가 무엇을 하는 건지, 애초에 왜 존재하는지도 우리는 알지 못한다. 살면서 모르거나 적어도 아직 모르는 경험이 발생하는 빈도를 감안할 때, 그런 상황을 받아들이는 법을 배우는 것이 더 현명하다. 더 나아가 판단보다는 수용과 평화로움으로 그렇게 한다면 더 좋다.

그 상황이 무엇을 의미하는지, 어떻게 해야 빠져나갈 수 있는지 알지 못하는 채로 해결되지 않은 상황과 공존하는 것은 낯설고 현명하지 않으며 심지어 위험하게 느껴질 수도 있다. 많이 불편하겠지만, 우리는 '모르는' 방법을 배우고, 모른다는 것이 어떤 느낌인지 느끼고, 더 명료하게 상황이 파악되고 해결책이 나올 때까지 기다려야 한다. 판단만 내려놓을 수 있다면 질문 속에서 살아가는 것이 충분히 가능해진다. 연습을 통해 답을 모른다는 느낌에 익숙해지고 심지어 그 상태가 즐거워질 수도 있다. 답을 알지 못해도 된다고 자신에게 허락하면, 삶이 때가 되면 저절로 답을 드러내준다. 그러면 놀랍게도 질문 자체가 삶의 목적지가 된다. 그뿐만이 아니다. 믿을 용기만 있다면 알지 못하는 상태에서 오히려 더 깊고 현명한 해결책이 나올 수 있다. 이는 억지로 알려고 해서 나오는 것보다 더 신뢰할 수 있는 길을 알려주는 진정한 해결책이다.

생각이 일으키는 착각의 또 다른 면

상황의 해결책을 필사적으로 떠올리려는 것을 그만두어야 한다는 이야기를 처음 들었을 때는 꽤 솔깃했다. 하지만 솔직히 그 조언을 어떻게 실천해야 할지 몰랐다. 나에게 상황을 해결한다는 것은 무슨 일이 일어나고 있는지, 무슨 의미인지, 무엇보다도 어떻게 대처해야 하는지 아는 것을 뜻했다. 그렇기에 해결에는 언제나 과도하고 강박적인 생각이 함께 따라왔다. 아직 해결되지 않은 질문들을 풀어야만 불안정한 기분을 떨쳐내고 불안감 속에서 살지 않을 수 있을 것 같았다. 그래서 문제에 대해 더 많이 생각해야 했다. 답이 없으면 평화롭게 살 수 있을 리가 없었다. 상황 속에 들어가 앉을 안락한 의자가 아니라 계획, 탈출구가 필요했다.

하지만 시간이 흐르면서 깨달았다. 인간이 가진 능력 한도 내에서 아무리 열심히 생각해도 삶에는 적어도 아직은 내가 알 수도 없고 풀 수도 없는 중요한 질문들이 있다는 것을. 이것은 피할 수도 반박할 수도 없는 진리였다. 다 아는 것처럼 스스로 해결책을 제안하고 시도했지만 전혀 나아진 것이 없다는 사실을 인정하고 받아들여야 했다. 안다고 생각했지만 착각이었다. 알려고 하면 할수록 알 수 없다는 생각이 들었다. 하지만 인정과 수용을 통해 나는 의외의 커다란 안도감을 찾았다.

질문 속에서 사는 삶에 굴복했을 때 마치 지하로 향하는 문으로 떨어진 것 같았다. 갑자기 지금 이 순간에 놓이게 되었다. 지금 여기에 머무르며 내 삶을 경험해도 된다는 허락을 받았다. 현실의 경험에 관심을 기울이고 때가 되면 답이 알아서 드러나도록 내버려 둬도 된다는 허락을 받았다. 지금 당장은 내가 모든 것을 해결할 필요가 없었다. 그동안 믿고 배워온 것처럼 생각을 밀고 나갈 필요가 없었다. 질문과 느긋하게 공존하자 뜻밖에도 내가 알 수 없는 무언가 커다란 과정에 의해 문제가 저절로 풀렸다. 내가 매 순간 삶을 통제하는 책임을 지지 않아도 되었다. 나 혼자 다 하려고 할 필요가 없었다.

있는 그대로가 바로 진실

질문 속에서 산다는 것은 진실 속에 산다는 뜻이다. 불편할 수도 있지만 일단 요령을 터득하고 나면 진실 자체에 안전함과 신뢰가 담겨 있음을 알 수 있다. 그러나 진실에서 안전함이 느껴지는 이유는 우리가 모든 답을 알고 있어서도, 진실이 편안해서도 아니고(보통 안전함은 편안해야 나온다) 진실은 반박할 수 없기 때문이다. 진실은 진실이다. 있는 그대로다. 모른다는 사실에 굴복한다는 것은 불안정한 땅에 발을 심고 우리가 결과를 알 수 없는 과정에 놓여 있으며 그 과정이 지금 당장은 목적지라는 사실을 받아들인다는 뜻이다.

통제할 수 없는 새로운 나

모든 답을 알 수 없다는 사실을 받아들이면, 모든 것을 다 알고 통제하는 사람으로서의 정체성을 포기하고 겸손해질 수 있다. 통제할 수 없다는 사실을 인정하려면 커다란 힘과 용기가 필요하다. 무엇이 진실인지 정직하게 말할 수 있는 용기 말이다. 이 정체성의 변화가 두렵고 낯설게 느껴질 것이다. 하지만 결국에는 현재에 머무르는 자유가 생기므로 모르는 것을 발견하고 새롭고 더 진실한 자신을 찾을 수 있다. 스스로에게 물어보자. 나는 어떤 문제의 답이 무르익기도 전에 무리하게 키우려 하는가? 지금 당장 자신에게 허락할 수 있는가? 아는 것을 버리고 모르는 상태에서 편히 쉬어도 된다고. 통제하지 않아도 괜찮을 수 있겠는가? 이 질문들에 대한 답을 일기로 적는 것도 좋다.

단순하고 친절하게

우리는 인생의 난제에 대한 해결책으로 생각을 활용하

지만, 생각이 상황을 오히려 더 복잡하게 만드는 경향이 있다는 데에 대부분의 사람이 동의할 것이다. 실제로 생각은 문제를 굳히고 확장해서 더 크게 만든다. 평화롭고 행복해지기를 원한다면 당연히 문제를 복잡하게 만들기보다는 단순하게 만드는 것이 좋다. 우리를 괴롭히는 문제나 사람에 대해 덜 생각하는 편이 현명하다.

복잡한 전략 수립과 분석 작업을 훨씬 더 간단한 자기 자비로 바꾸는 것이 우리에게 이롭다. 예를 들어 다른 사람의 행동이 나에게 문제를 일으킨다면 그 사람의 행동이 무지에서 비롯된 것이라는 단순한 진리를 떠올린다. 비록 당신에게는 좌절과 상처가 되지만, 그것은 상대방이 지금 이 순간 가진 의식과 지혜로 제공할 수 있는 최선이다(그렇다고 상대방의 행동이 정당화되지는 않는다). 만약 당신이 가장 원하는 것이 기분이 덜 상하고 덜 신경 쓰는 것이라면 상황을 이해하려는 노력을 포기하고 내면의 경험과 반응에 자비를 베푸는 것이 가장 좋은 방법이다. 나에게 문제를 안겨주는 그 사람이 원하는 것도 똑같이 행복과 안전, 고통받지 않는 것이라는 사실을 떠올린다. 누구든 불만을 느끼는 이유는 전부 이런 욕구 때문이다. 상대방의 행동이 전혀 그렇게 보이지 않고 비호감이더라도 그 사람 역시 나처럼 이런 것들을 원한다. 역설적이지만 우리가 자비를 담아 최대한 단순하게 반응하고 인류애에 마음을 열 때 우리 자신의 고통도 줄어든다.

물론 상대방에게 자비를 베풀기가 어려울 수도 있다. 하지만 동의할 수 없는 모든 것과 눈에 보이는 모든 문제를 해결하고 고치고 사람들에게 그들의 오류를 이해시키려 애쓰는 일을 멈추는 것은 깊은 자기 자비의 행동이다. 친절과 단순함에 주의를 기울이고 생각과 판단 속으로 들어가려는 충동을 억제하면 우리가 느끼는 감정뿐만 아니라 상황도 나아진다. 머리를 열심히 굴려서 나온 것보다 훨씬 더좋은 결과물을 손에 넣을 수 있다.

바나나로 평화의 문 열기

새로운 내담자가 오면 보통 상담을 통해 무엇을 얻거나 발견하고 싶은지 묻는다. 한마디로 왜 찾아왔는지 묻는다. 그 대답은 대개 내면의 평화를 갈망하지만 그 어떤 방법으로도 찾을 수 없다는 것이다. 우리는 생각이 모든 문제를 해결할 수 있다고 믿으므로 당연히 생각이 평화를 갈망하는 문제의 해답이 되어야 한다고 여긴다. 슬프게도 마음의 평화를 생각으로 찾아낼 수 있다고 믿는다.

생각은 우리에게 통제하고 있다는 착각을 일으키지만, 절대로 평화로 가는 길은 아니다. 생각은 우리가 갈망하는 평화를 가져다주지 않는다. 누군가 "모든 것을 알아내려고 노력하지 않을 때 더 행복해지고 일이 더 잘 풀린다."라고(혹은 비슷한 말을) 말하는 것을 들을 때마다 동전이 하나씩 생긴다면 나는 큰 부자가 될 것이다. 생각으로 평화를 얻을 수 있다고 믿겠지만 아무리 생각을 열심히 해도 평화로워질 수 없다.

현실적으로 마음은 언제나 우리의 삶을 개선해주는 적절한 도구는 아니다. 사실 마음은 최악의 도구일 수도 있다. 바나나로 자물쇠를 열려는 것처럼 단순히 아무런 도움도 되지 않아서가 아니라 궁극적으로 우리가 진정으로 원하는 것에 해롭기 때문이다. 내가 내담자들에게 자주 하는 질문이 있다. "당신은 옳고 싶은가요, 아니면 행복해지고 싶은가요?" 이 질문은 마음이 제공하는 것과 우리가 진정으로 원하는 것 사이의 딜레마를 직접적으로 지적한다. 마음은 온갖 영리한 생각들로 왜 우리가 어떤 상황에서든 옳은지 증명할 수 있지만, 그 어떤 생각이나 증명도 기분이 나아지고 행복해지고 싶은 우리의 진정한 목표를 이뤄주지 못한다. 마음의 평화를 위해서는 마음과 완전히 다른 것, 생각으로 만들어지지 않은 무언가가 필요하다. 생각을 내려놓고 현재에 내맡겨야만 평온함으로 가는 길이 열린다.

내맡기기의 시작

내려놓는 것에 대한 몇 가지 확언으로 요약되는 '내맡기기surrender'라는 용어는 큰 오해를 불러일으키고 미온적인 자기계발 기법으로 잘못 활용되는 때가 많다. 또한 절대로 피해야만 하는 패배나 실패로 비치는 경우가 너무 많다. 마음으로 하는 행동이라는 오해도 함께 따라온다. 물론 내맡기기로 이어지는 전략과 사고방식이 분명 있을 것이다. 하지만 내맡기기는 우리에게 익숙한 그 어떤 대상과도 다르다. 진정한 내맡기기는 논리나 이성적인 마음 같은 것을 거스른다. 그토록 심오하고 강력한 이유도 그래서다.

마음은 접촉하는 모든 것은 물론이고 닿지 않는 것들까지도 통제하고 우리를 안전하고 행복하게 해주며 삶이 나아지도록 애쓴다. 마음은 우리가 원하지 않거나 좋아하지 않는 상황은 저항하고 거부하고 무시하고 밀어버리고 바꾸려고 할 것이다. 하지만 누구나 살면서 정체성의 토대를 뒤흔들고 자신의 한계를 넘어서는 무언가를 마주한다. 오랫동안 이어졌던 상황이 마침내 한계점에 도달할 수도 있고, 너무나 갑작스럽고 압도적이어서 평소의 대처 전략이 무용지물이 되어버리는 사건이 일어날 수도 있다. 어느 쪽이든 이런 상황에는 비유적으로 그리고 종종 문자 그대로도 우리를 무릎 꿇게 하는 힘이 있다. 그리고 우리를 변화시키는 힘도 있다.

대부분의 사람은 스스로 통제할 수 없는 일이라는 사실이 확연하게 드러나는 상황(또는 사람)을 만난다. 전부 다 알려고 하는 것이 소용없고 다른 방법이 필요하다는 사실을 온몸으로 깨닫는 순간이 찾아온다. 머지않아, 생각하는 마음이 패배하고 우리는 싸움에서 진다. 내맡기기는 마음의 모든 전략이 끝나는 바로 그곳에서 시작된다. 생각을 통해 억지로 다른 현실을 강요할 수 없다는 사실을 마침내 깨닫는 순간 일어난다. 자신이 무엇이든 다 통제할 수 있다는 모든 희망을 포기하는 순간 내맡기기는 빛을 가져다준다.

하지만 내맡기기는 다른 전략이 아니고 전략 자체가 아니다. 이것은 오히려 모든 전략이 부재함을 뜻한다. 항복하는 시점에서 우리는 모든 전략이 실패로 돌아가 아무런 전략도 남아 있지 않으며 앞으로 어떻게 될지 알 수 없다는 사실을 받아들인다. 그렇게 항복하는 순간, 우리는 생각이 알지 못하는 것에서 벗어나게 해줄 수 없다는 사실을 깨닫는다. 앞으로 닥칠 일이 더 좋거나 더 나쁘거나 더 편안하거나 불편할지 모르지만 지금까지 해왔던 방식으로 계속 살아갈 수 없다는 것만은 확실하다.

내맡기기는 항복할 수밖에 없을 때 일어난다. 통제가 사라질 때 저절로 모습을 드러내 우리를 데려간다. 내맡기기로 가는 길은 고통스러울 수 있지만, 마침내 그것이 찾아오는 순간 커다란 안도감과 평화도 함께 가져온다. 물론 머릿속으로 아무리 애써도 소용없고 지금까지 해왔던 방법으로는 도저히 문제를 해결할 수 없다는 사실을 깨닫는다고 현실이 놀라울 정도로 좋아지거나 쉬워지지는 않는다. 하지만 기분이 훨씬 나아지고 편안해진다. 내맡기기에는 명료함과 안도감이 있다. 마침내, 우리는 뭔가를 알아내고 실현하고 바꾸라고 자신에게 요구하는 것을 멈출 수 있다. 그러면 놀랍게도 팽팽한 긴장감이 사라지고 마음이 부드러워진다. 굳게 확신했던 현실이 풀 수 없는 수수께끼 같은 삶으로 바뀌기 때문이다. 역설적이지만 무릎 꿇고 항복하는 순간 고통이 줄어든다.

우리는 내맡길 때 포기하지만 보통 생각하는 그런 포기는 아니다. 상황이 바뀌길 바라며 포기하는 것이 아니다. 자신이 통제해야만 한다거나 통제할 수 있거나 바꿀 수 있다는 생각을 포기한다. 좋은 아이디어와 영리함, 계획만 있으면 현실을 바꿀 수 있다는 믿음을 버린다. 우리는 절대 포기하지 않도록 훈련되어 있지만, 자신이 모든 걸 책임져야 하고 마음이 어떤 상황에서든 구해주리라는 믿음을 포기하는 것이야말로 진정한 평화를 찾는 유일한 방법이다.

그래도 우리는 마음 말고 그 어떤 것도 우리를 보살펴줄 수 있다고 믿지 않는다. 그래서 항복은 생각조차 할 수 없는 것처럼 느껴진다. 하지만 항복해야만 하니까 항복하는 거다. 다른 선택지를 다 써버렸으니까. 다행히도 내맡기기는 우리의 믿음이나 허락을 필요로 하지 않는다. 우리가 동의해야만 찾아오는 것이 아니다. 마침내 고삐를 내려놓고 마음의 패배를 인정하면 심오한 공간이 열리고 기회가 나타난다. 더 큰 무언가가 우리를 지지해주고 마음이 아닌 다른 무언가가 이끌어주고 받쳐주는 것을 느낄 수 있다. 어떤 사람들은 은혜라고 부르기도 하지만 뭐라고 부르든 상관없다. 어쨌든 한번 경험하면 그 존재를 절대 모를 수가 없다. 내맡기면 비록 어디인지는 모르지만 삶이 나를 가야 할 곳으로 인도해주는 경험을 할 수 있다. 내맡기면 우리는 더 이상 외롭지 않게 된다.

내맡기기의 발견에 마음 열기

그런데 왜 내맡기기가 저절로 일어나는 것처럼 이야기할까? 우리가 실제로 만들어내거나 생각으로 결실을 맺는 것이 아니라. 우리는 반갑든 반갑지 않든 내맡기기가 일어날 때까지 그저 기다려야 하는가? 아니면 내맡기기가 일어나도록 우리가 힘을 보탤 수 있을까?

마음은 생각이나 강요에 의해 내맡기기가 일어나게 할 수 없다. 다른 것들과 달리 내맡기기는 그것이 불가능하다. 그래도 내맡기기는 우리가 우리 삶에 초대하는 것이다. 아이러니하게도, 내맡기기는 마음이 헤아릴 수 있는 것보다 더 간단하다. 사실 오히려 마음이 이해하거나 받아들이기 힘들 정도로 너무 단순해서 탈이다. 내맡기는 연습을 하려면 지금 여기에서 시작해야 한다. 정확히 내가 있는 곳에서. 바로 이 순간으로 들어가 지금 여기 있는 것들을 보고 느낀다. 몸의 감각, 숨결, 소리, 감정, 생각(내용물에는 개입하지 않는다). 추가하거나 제거하거나 다른 작업을 하지 않고 그냥 지금 여기로 들어간다. 무엇을 발견하든 저항하지 않고 밀어내지 않을 때 지금 여기에 열려 있게 된다. 내맡기기는 있는 그대로의 지금 이 순간에 발을 들여놓는 것이다.

그래, 이것도 있어

심호흡을 하고 긴장을 풀어본다. 밖에서 안으로 주의를 돌린다. 몸의 감각을 따라간다. 감정이 있는지 살펴본다. 강렬한 것일 수도 있고 벽지나 배경 같은 감정일 수도 있다. 깊이 파고들지 말고, 이야기에 몰두하지 말고 그저 그 감정을 느껴본다.

자신에게 물어본다. 지금 여기 존재하는 그 무엇도 밀어내지 않고 완전히 긴장을 풀 수 있을까? 그렇지 않다면 방해물은 무엇인가? 지금 여기 존재하는 무엇이 긴장을 풀지 못하게 만드는가? 긴장을 풀지 못하게 방해하는 그것이 지금 여기 있지만 그래도 긴장을 풀어본다. 저항감이 들면 저항감이 여기 있어도 긴장을 풀려고 해본다. '그래, 이것도 있어.'라고 모든 것을 다 포용하는 태도를 취한다. 진정으로 내려놓는 깊은 이완이 어떤 느낌인지 느껴본다.

이 순간에 대한 저항을 포기하는 것이 내맡기기의 핵심이다. 내맡기기는 모든 것을 담고 있는 이 순간으로 들어가는 것이다. 지금 이 순간 완전히 긴장을 풀고 통제하려고 하지 말고 저항하거나 밀어내는 것을 멈출 때, 우리는 가장 깊은 평화를 가져다주는 과정을 초대하는 것이다.

항복할 수밖에 없을 때, 통제의 착각을 포기할 수밖에 없을 때, 우리는 아무런 노력도 하지 않았는데 삶이 움직이고 있음을 알아차린다. 완전히 내려놓는 순간 삶이 우리를 받쳐주고 끌어가 준다는 사실을 깨닫는다. 항복의 문을 통해서 자신보다 더 큰 존재를 감지한다. 그 존재는 우리가 필사적으로 운전대를 잡으려고 할 때조차도 우리를 인도한다. 우리는 삶을 영위하고 관리하는 사람이라기보다는 그저 살아 있다는 느낌을 받는다. 그러면 생각으로 만들어지지 않은 공간에서 긴장을 풀 수 있다. 운전대에서 손을 떼고 그냥 인도받는 것도 안전하다는 사실을 깨닫는다. 다시 한번 역설이 드러난다. 우리가 가장 기분 좋고 가장 안전하다고 느낄 때는 자신이 책임자가 아니라는 사실을 깨달을 때다. 우리 자신과 우주에는 우리가 아는 것보다 훨씬 더 많은 것이 존재한다.

10장　　생각하는 자아를 넘어서

모든 생각과 생각 행위의 중심에는 깊고 본능적인 자아 감각이 존재한다. 우리는 자신을 생각하는 사람, 생각이 보호하고 개선해주려는 사람으로 알고 있다. 마음이 바쁘게 움직이며 하는 일은 뭐가 되었든 나의 안전과 성공, 생존을 위한 시도다. 한마디로 생각의 목적은 나를 육체적, 정신적, 감정적으로, 그 밖에 상상할 수 있는 모든 방법으로 온전하게 유지하는 것이다. 지금 여기는 나에게 어떤 느낌인가? 그것은 나에게 뭔가 긍정적인 일을 해주고 있는가? 나는 지금 이 순간을 좋아하는가, 싫어하는가? 편안하게 느껴지는가? 지독한

나르시시스트라서가 아니라 인간의 지극히 본능적인 특징이다. 인간의 깊게 뿌리박힌 자기중심주의와 자기 보호는 우리가 진화해온 방식이기도 하다.

코페르니쿠스는 태양이 태양계의 중심이라는 사실을 증명했다. 그것은 흥미로운 정보일 수 있지만 우리가 삶을 살아가고 경험하는 방식과는 거리가 있다. 우리는 태양이 태양계의 중심이라는 사실을 알지만, 우리 개인의 우주에서 중심을 차지하는 것은 바로 우리의 마음이다. 내가 진짜 태양이고 모든 것이 나를 중심으로 돌아가고 나를 중심으로 보인다.

우주의 중심에 있는 나

끈질긴 생각의 중심에는 우리가 가장 중요하다고 생각하는 대상, 즉 우리의 자아, 내가 있다. 우리는 지난 5분 동안만 해도 내가 무엇을 원하고 필요로 하고 두려워하고 좋아하고 좋아하지 않는지, 나에게 있는 것과 없는 것이 무엇인지에 대해 적어도 스무 가지 생각을 했을 것이다. 게다가 우리는 내가 실재하며 견고하다고 믿는다. 그 자체로 존재하는 것이라고. 이 단단한 자아를 잘 살리는 게 우리의 일이다. 그것은 생각을 바쁘게 만드는 일이기도 하다.

우리는 자신에 대해 생각할 때, 몸 안에 있는 실체를 상상한다. 찾고자 한다면 찾을 수 있는 것이다. 잠시 자신의 경험을 살펴보자. 나는 내 안에서 사는 자아를 어디에서 느끼는가? 나는 실제로 어디에 위치하는가? 머릿속, 입 안, 배 속에 존재하는가? 나는 자아를 어떤 식으로 상상하는가?

일단 자아가 위치하는 물리적인 장소나 그 생김새를 찾으면, 다음 질문을 해보자. 나는 무엇으로 만들어졌는가? '나는 누구인가?'나 '나는 무엇일까?'라는 질문을 이용해도 된다. 가끔 멈춰서 이런 질문을 해보자. 내가 나라고 말하는 이 자아는 누구이고 무엇인가?

만약 이 과정에 시간을 투자했다면 자신을 정의하는 단어, 역할, 설명, 개념 따위의 목록을 떠올렸을 것이다. 자신의 성별이나 민족성에 대해 생각해봤을지도 모른다. 예를 들어 나는 여자, 트랜스젠더, 브라질인 또는 아프리카계 미국인이다. 혹은 대인관계에서의 역할을 통해 자신을 정의했을 수도 있다. 나는 엄마, 친구, 여동생이다. 아니면 직업으로 정의할지도 모른다. 나는 치과의사, 교사, 사진작가다. 종교도 있다. 나는 유대인, 기독교인이다. 자아 감각은 성 지향성과 관련 있을 수도 있다. 가령 나는 레즈비언, 양성애자다. 과거에 겪은 트라우마로 자신을 정의할지도 모른다. 성폭력 피해 생존자나 사별자 등. 일련의 신념이나 정치관일 수도 있다. 예를 들어 나는 민주주의자, 사회주의자, 페미니스트다. 성격적인 특성으로 자아를 정의할 수도 있다. 나는 유머 감각이 있고 변덕이 심하고 비관적이다. 평소 즐기는 취미 생활로도 가능하다. 나는 서퍼, 기수, 크로스워드 퍼즐의 대가다. 대충 무슨 말인지 이해될 것이다.

하지만 자세히 들여다보면 당신이 자신이라고 생각하는 모든 것은 근본적으로 자신이 하고 믿고 생각하고 즐기는 것, 다른 사람들과의 관계에서 하는 역할임을 알 수 있다. 당신이 자신이라고 생각하는 모든 것은 한마디로 당신에 관한 설명일 뿐이다. 그렇다면 이렇게 질문할 수 있다. 이 모든 설명과 생각이 일어나는 견고한 실체, 나의 자아는 과연 무엇이고 무엇으로 이루어지는가?

신체적 자아

대부분의 사람에게 가장 기본적인 수준의 자아는 신체다. 나는 나의 몸이다. 자아의 물리적 형태는 우리가 손으로 가리킬 수 있는 견고하고 유형적인 것이다. 그것은 기본적인 정체성의 일부처럼 느껴진다. 우리는 어린 시절 뜨거운 가스레인지에 손이 닿으면 오로지 나만 고통을 느끼고 가스레인지에 손을 대지 않은 형제자매는 뜨거움을 느끼지 않는다는 사실을 깨닫는다. 마찬가지로, 우리가 넘어지면 우리의 다리가 부러지는 것이지 다른 사람의 다리가 부러지지 않는다. 우리의 몸에 일어나는 일은 우리를 다른 사람들, 다른 신체로부터 분리하고 차별화하는 것처럼 보인다. 그러므로 몸은 나를 나로 만든다. 게다가 몸이 사라지면 성격적 특성, 말, 기억 등 우리가 나라고 생각하는 모든 것들도 사라진다. 몸이 없으면 자아도 없다. 그러니 본질적으로 우리는 우리의 몸이다.

하지만 일생의 여러 시점에서 몸을 바라보면 우리가 자신이라고 부르는 이 단단한 실체가 사실은 시점에 따라 완전히 다른 몸이라는 것을 알 수 있다. 지금 우리가 거주하는 육체는 우리가 어렸을 때, 20년 전이나 10년 전, 심지어 어제와도 같지 않다. 완전히 다르게 보이는 것은 몸의 겉모습뿐만이 아니다. 몸 안의 세포와 장기들이 끊임없이 죽고 다시 태어난다. 지금의 나는 태어났을 때는 물론이고 심지어 작년과도 똑같은 물리적 요소로 이루어져 있지 않다. 우리의 신체적인 형태는 항상 유동적이다.

상황을 더 복잡하게 만드는 사실은 우리가 몸을 자각한다는 것이다. 발이 아프면 발이 아프다고 말하는데, 그 말은 내가 그 발 자체가 아니라는 것을 의미한다. 몸 안에서 일어나는 일을 의식하는 것은 몸을 초월한 무언가다. 그리고 발이나 간을 잘라낸다든지 신체의 일부를 잃고도 자신이 누구인가에 대한 의식은 여전히 존재한다. 만약 우리가 신체라고 불리는 것의 일부를 잃어도 근본적으로 신체라고 불리는 그 존재가 될 수 있는 것일까?[17]

생각하는 자아

만약 우리가 몸이 아니라면, 우리는 우리의 생각일 것이다. 마음속에서 일어나는 일에는 분명 우리의 본질, 자아가 담겨 있을 것이다. 그러나 생각 또한 매 순간 변화하고 어떤 생각도 오랫동안 머물지 않는다는 것이 문제다. 어떻게 항상 변화하는 존재가 내가 될 수 있을까? 더 나아가 우리는 생각을 목격할 수 있다. 우리 안의 무언가가 생각의 내용물뿐만 아니라 생각이 나타났다가 사라지는 것을 본다. 그러므로 자아는 생각보다 더 크거나 더 넓어야 한다. 생각 이면에 존재하는 것이라야 한다. 내가 목격하는 것이 나일 수는 없으니까.

우리가 자신을 어디에서 찾으려 하건 우리가 발견하는 것은 변화의 과정뿐이다. 만질 수 있는 실제적인 자아는 머리에서도 가슴에서도 그 어디에서도 찾을 수 없는 듯하다. 우리의 자아는 기억과 생각, 현재의 조건에서 골라 계속 재정립되고 재조립되어야 한다. 자아에 대해 이야기하고 설명할 수는 있지만 거기까지인 듯하다.

자아가 계속 변한다는 증거가 이렇게나 많은데도 우리

는 영원한 충성과 보호를 받을 자격이 있고 절대로 변하지 않는 견고하고 진정한 존재가 있다고 믿으며 주의를 기울인다. 너무도 강한 확신으로 이 자아 개념을 지키기 위해 평생을 바친다.

자아의 견고함을 넘어

자신을 보호하고 방어하기 위해 고안된 생각을 외면하는 것은 직관에 반할 뿐만 아니라 위험하게 느껴지기도 한다. 우리는 나라고 부르는 실체에 대해 항상 생각하고 그것의 경험을 바꾸고 통제하려고 한다. 하지만 그것이 어떤 물리적 장소에 존재하는 견고한 자아가 아니라 생각과 경험, 기억으로 구성된 개념에 불과하다는 사실을 알아야 한다. 반복 재생되는 테이프이자 생각으로 이루어진 조각이라는 것이 이 자아의 실체임을 꿰뚫어 보면, 생각 대상에 대한 애착이 약해지고 생각 자체도 느슨해지기 시작한다. 가볍고 편안한 느낌으로 자아의 개념을 받아들일 수 있다.

며칠 전 참석한 회의에서 끔찍할 정도로 지루한 발표를 들었다. 집중하려고 안간힘을 썼지만 마음이 불안해지기 시작하면서 어느새 탈출 계획을 세우고 있었다. 마치 이 발표자와 이 경험으로 인해 어떤 식으로든 내가 피해를 보는 것처럼 너무 불편하고 괴로웠다. 정신적인 고문을 받는 것처럼 당장 밖으로 나가지 않으면 머리가 터질 것만 같았다. 그런데 갑자기 이런 질문이 떠올랐다. 이 경험으로 고통받는 사람은 누구일까? 이 일이 지금 누구에게 일어나고 있는가? 지금 이 순간 지루해하는 이 자아는 정확히 어디에 있는가?

지루함이라는 감정이 떠오르고 있다는 것은 인정할 수 있었지만 지루하고 괴롭고 감금당한 이 몸 어딘가에 작은 내가 갇혀 있다는 믿음이나 확신은 사실이 아닌 듯했다.

회의 도중에 자연스럽게 웃음이 터져 나왔다(다행히 순간적으로 회의에 활기가 돌았다). 갑자기 발표가 재미있어진 것은 아니었지만 내가 그 자리에 있다는 사실에 대한 거부감이 10에서 3으로 떨어지고 코드 레드에서 코드 옐로로 바뀐 것을 알아차릴 수 있었다. 지루함은 여전했지만 더 이상 지루함과 싸우지 않아도 되었다. 달라진 것은 이 경험이 내가 저항과 분노, 탈출 상황으로부터 보호해야 할 작은 나에게 일어나고 있지 않다는 깨달음뿐이었다. 이 경험이 지루함으로 피해 보는 나라는 존재에게 이루어지고 있다는 마음의 자아 개념을 알아챈 것이다.

도망치고 싶은 욕망의 이면에는 자신이 항상 심리적으로 편안하고 행복해야 한다는 가정도 존재했다. 그러니 당연히 이 발표자가 나의 편안함과 행복을 위협한 것이었다. 내 상상 속의 나는 지금 방해받고 거부되는 편안함을 누릴 자격이 마땅했다. 하지만 지금 이런 일이 일어나는 견고하고 실재적인 내가 존재한다는 감각과 믿음이 사라지자, 이 상상의 자아가 항상 편안해야 마땅하다는 가정이 사라지자, 놀랍게도 그 시간을 견딜 수 있게 되었다. 물론 여전히 회의는 따분했지만 견딜 만해졌다. 전혀 흥미롭지 않은 상황에서 느끼는 지루함의 감정을 참을 수 있다는 사실을 깨달았다. 하지만 내가 참을 수 없고 금방이라도 밖으로 뛰쳐나가고 싶게 만든 것은 이 경험이 나에게 행해지고 있으며 내가 희생당하고 있다는 생각이었다. 그리고 나는 더 나은 경험을 할 자격이 있는데 그 경험을 박탈당했다는 생각이었다. 경험의 중심에 자아가 있다는 확고한 믿음이 사라지면 나에게 행해지는 일로 느끼지 않고 상황을 받아들일 수 있다.

나 vs 내가 아닌 것

눈을 감고 심호흡을 몇 번 한다. 몸 안에서 느껴지는 감각에 집중한다. 몇 분 동안 몸 안의 감각을 느껴본다. 그다음에는 몸이 의자와 바닥에 닿은 곳으로 주의를 옮긴다. 이러한 의식을 이어가면서 피부에 공기가 닿는 감각까지 느낄 수 있도록 주의를 활짝 열어본다. 잠시 멈추고 느껴본다. 서두르지 않는다. 이제 몸 주변과 방 전체 공간에 주의를 기울인다. 잠시 멈춘다. 방 너머의 공간으로 점차 주의를 넓혀나간다. 상상할 수 있는 한 멀리, 은하계 너머까지. 이렇게 내적 경험과 외적 경험을 계속 동시에 의식한다.

이제 눈을 감고 내적 인식과 외적 인식에 어떤 차이가 있는지 감지해본다. 인식이 안에서 밖으로(나에게서 내가 아닌 것으로) 바뀌는 몸의 끄트머리에 경계가 존재하는지 확인해본다. 의식의 눈을 통해 안과 밖, 나와 내가 아닌 것이 개념에 불과하다는 사실에 주목한다. 나의 직접적인 경험에는 자아와 자아가 아닌 것의 구분이 없다는 사실을 확인한다. 만약 의식만이 존재하는 것이고 내가 나라고 부르는 것과 그 이외의 다른 모든 것은 그 안에서 그냥 나타나는 것이라면 어떨까? 이 가능성에 관해 생각해본다.

진짜라고 믿었지만 사실은 생각에 불과한 자아를 그동안 보호하고 방어해왔다는 사실을 깨닫는 것은 우리가 마음이 만든 실제로 존재하지 않는 공간인 매트릭스 안에 들어 있다는 사실을 발견하는 것과 같다. 이렇게 환상의 자아를 새롭게 인식하면 처음에는 두렵고 혼란스러울 수 있다. 우리가 세상을 보거나 존재하는 방식 자체가 바뀌는 완전한 패러다임의 변화이기 때문이다. 이 새로운 인식을 계속 이어가는 것도 시간이 좀 걸린다. 장담하건대, 자아는 관심의 중심이었던 원래 자리를 되찾기 위해 미친 듯이 싸우고 제 중요성을 소리 높여 외치고 절대적인 견고함과 진실성을 우리에게 확신시키려 할 것이다. 마음은 우리가 별개의 자아가 아니며 그런 것이 존재하지 않는다는 어떤 개념도 거부할 것이다.

깨달음 이후 처음에는 두렵고 갈피를 잡기 어렵고 혼란스럽지만, 숙고하고 시험도 해보면 자아에 대한 끈질긴 생각과 충성이 약해지기 시작한다. 자아가 하나의 생각에 불과하다는 사실을 꿰뚫어 보므로 반드시 지키고 방어해야 한다는 시급함과 유혹이 줄어든다. 다른 모든 생각보다 우선하는 자아에 관한 생각을 발견하고 나면 판 자체가 바뀐다. 삶이 바뀐다. 확고하게 정의할 수 있는 자아의 견고함이 무너지면 그것에 대해 계속 생각하고 계속 존재하게 만들려는 욕망이 힘을 잃고 과도한 생각도 급격히 줄어든다. 그러면 마음속의 불협화음이 점점 조용해진다. 이것이 모두가 원하는 내면의 평화이며 좋은 삶을 살기 위한 밑받침이다.

11장

좋은 인생, 마지막 생각

지금까지 많은 사람에게서 나타나는 과도한 생각 사랑에 관해 이야기했다. 생각 중독, 중독이 발현하는 다양한 패턴, 이러한 패턴이 일으키는 불안, 스트레스, 고통을 살펴보았다. 생각의 접착력을 키우는 과도한 생각의 더 깊고 근본적인 원인을 심리학적, 사회학적, 영적 차원에서 조사했다. 생각에 대한 열광과 숭배, 자기 동일시, 생각이 삶의 모든 문제와 수수께끼에 대한 해결책이라는 굳건한 믿음도 탐구했다.

지금까지 이 책을 읽어오면서 머릿속에서 떠드는 목소리가 내가 아니라는 사실을 단순히 지적 차원이 아닌 경험적 차원에서 발견했기를 바란다. 나아가 생각을 의식하는 자아는 생각 그 자체가 아니므로 생각과 나를 동일시하지 않게 되었기를 바란다. 어디로 주의를 향할지 직접 선택하는 주인이 되어 어떤 생각에 집중하고 어떤 생각을 그냥 지나칠지 스스로 결정할 수 있다는 사실 또한 발견했기를 바란다.

이 책에 나오는 연습법들은 거친 생각의 파도를 관찰하고 헤쳐나가는 토대를 만들어주기 위해 고안되었다. 그 토대는 당신의 마음에 자리하는 생각과 별개의 공간이다. 당신은 생각의 확실성에 대한 건강하고 강력한 의심과 함께 삶에 대한 모든 답을 아는 것이 유일한 해결책이라는 믿음에도 회의가 생겼을지 모른다. 좋은 일이다. 이 책의 연습법과 질문은 도중에 새로운 발견을 하면서 단련을 계속하도록 되어 있다. 한번 풀면 그만인 수수께끼가 아니다. 알아차림은 삶의 방식이다. 목적지가 아니라 길이다. 이 책의 연습법과 질문을 삶의 일부분으로 자리 잡게 해서 생각의 고리를 끊고 고요한 평화와 현재에 머무르는 경이로움이 있는 공간을 만들기 바란다.

생각에서 벗어나면 일어나는 일

간단히 말해서, 알아차림은 좋은 삶의 열쇠다. 생각이 무엇을 하고 있는지, 우리가 생각에 어떻게 반응하는지 의식하면 우리는 내적으로 자유로워질 수 있다. 이것은 가장 근본적인 형태의 자유다. 감정과 행동은 더 이상 상황이 바뀔 때마다 어려움을 안겨주는 롤러코스터가 아니다. 우리의 행복도 더 이상 일시적인 생각에 의존하지 않는다. 마음속에 맴도는 모든 생각에 편승하지 않으면 기분이 점점 편해지고 안정된다. 떠올랐다 사라지는 생각에 더 이상 얽매이지 않는다. 지금 이 순간 안팎으로 일어나는 일들에 주의를 기울일 수 있으므로 지속 가능한 평온함, 혼란스러운 생각들을 대체하는 넓은 공간을 발견하게 된다. 지금 여기 삶의 한복판에서 안정되고 평온한 상태를 경험한다.

또한 생각이 진짜이고 확실하며 본질적으로 중요하다는 믿음을 멈출 때, 더 이상 생각이 향하는 방향을 받아들이고 복종할 필요가 없어진다. 우리는 생각의 증인이지 더 이상 생각의 포로가 아니다. 머릿속의 고장 난 컴퓨터로부터 해방된다. 그리고 생각의 내용물에 대한 책임을 자신에게 지우는 것을 그만둘 때, 우리는 마음에 출몰하는 생각을 감시하고 통제해야 한다는 부담에서 벗어날 수 있다.

감정 상태와 행동이 매 순간 떠오르는 생각에 통제되지 않으면 우리에게는 자신의 진정성과 일치하는 방식으로 행동할 수 있는 자유가 생긴다. 자신이 되고 싶은 사람이 될 수 있다. 생각에 휘둘리지 않은 채로 생각을 관찰할 수 있는 능력은 자신의 진정한 가치관과 일치하는 목적 있는 삶을 살게 해준다. 의식적으로 삶의 방향을 지시하기 시작한다. 물론 그래도 언제든 부정적인 생각이 홍수처럼 넘쳐흐르고 강박적인 생각에 눈이 멀 수 있다. 하지만 그렇더라도 생각에 개입하거나 실행으로 옮기지 않고 그저 마음을 관찰하면서 자신의 깊은 가치관과 목적에 주의를 집중할 수 있다. 생각과 우리의 응답 사이에 공간과 시간(찬란한 공간과 찬란한 시간)이 자리한다. 그 결과, 우리는 이렇게 물을 수 있는 의식을 지속할 수 있다. 지금 이 순간 나는 누구이고 싶은가? 이런 생각들 앞에서 나는 어떤 사람이 되고 싶은가? 이러한 생각들에 어떻게 반응하고 어떤 관계를 맺어야 나 자신의 커다란 의도에 도움 되고 가치관과 일치하는 인격을 쌓을 수 있을까?

새로운 존재감이 우리에게 힘을 실어주면 선택의 특권이 생긴다. 어떤 사람이 어떻게 되고 싶은지 스스로 선택할 수 있다. 마음을 스쳐 지나가는 모든 생각에 반응하지 않으면 마음의 공간을 선물받는다. 그것은 곧 생각을 잠시 멈추고 바라본 다음에 행동을 결정할 수 있는 능력이다. 마치 시간이 우리 눈앞에서 팽창하는 것처럼 순간이 좀 더 느려진다. 알아차림은 우리에게 다른 시간의 경험과 넓은 관점, 거리를 제공하는데, 이 모든 것은 우리가 진실하고 지혜롭게 행동할 수 있게 해준다. 그 결과 우리는 자존감이 쌓이고 자신을 존중하기 시작한다. 자신이 세상에 보여주는 모습이 마음에 든다. 자신을 믿고 자신의 꾸준함에 의지할 수 있다는 것을 알게 된다. 중독적인 생각에서 벗어나면 최고의 자신이 될 기회가 생긴다.

　나의 진실이 절대적인 진실이 아니라 나의 진실일 뿐이고, 나의 경험이 절대적으로 옳지 않다는 사실을 깨달으면, 다른 모든 사람의 현실을 바로잡아 그들의 경험을 억지로 우리 자신의 것과 맞춰야만 한다는 부담에서 해방된다. 내가 보는 것이 절대적인 현실이라는 믿음을 버리고 모두가 진실일 수 있는 무한한 개수의 현실이 있다는 사실을 자각할 때, 우리는 자유로워진다. 그래서 다른 사람들의 경험이 있는 그대로 존재하고 그들이 있는 그대로 존재할 수 있도록 내버려 둘 수 있다. 나의 진실은 (나의 환경과 경험, 트라우마 같은 것으로 이루어진) 무수히 많은 진실 중 하나일 뿐이라는 사실을 이해하면 자신의 진실을 받아들여 헐렁한 옷처럼 가볍고 편하게 입을 수 있다. 실제로, 우리가 경험하는 모든 것이 가벼워지고 불안이 줄어들고 방어해야 할 필요성도 느껴지지 않는다. 마침내 다른 사람들이 보는 현실이 우리를 위협하지 않고 우리의 현실과 공존할 수 있게 된다. 심지어 처음으로 다른 사람들의 현실에 호기심이 생겨서 귀 기울이게 된다. 보편적인 합의나 확인이 있어야만 내가 보는 현실이 옳은 것이 아니다. '하지만이 아닌 그리고'가 삶의 패러다임이 된다. 우리가 옳은 것을 결정하는 권위자가 아니라 자신을 위해 옳은 것을 결정하는 권위자가 될 때, 몸과 마음과 정신이 마침내 깊이 편안해질 수 있다.

새로운 자유

지금까지 알아차림, 특히 생각에 대한 알아차림과 함께 나타나는 변화와 자유에 대해 살펴보았다. 그중에는 삶을 바꾸는 변화도 있었지만 그 외에도 더 많은 자유를 찾을 수 있다. 모든 상황과 문제는 더 많은 생각을 통해 해결할 수 있다는 믿음을 포기할 때, 문제에 대해 더 많이 생각하는 것이 해결책이나 평화를 보장하지 않는다는 사실을 마침내 깨달을 때, 비로소 우리는 자신 있게 과도한 생각의 기차에서 뛰어내릴 수 있다. 알지 못해도 괜찮다고, 답을 몰라도 된다고 스스로에게 허락하므로 강박적으로 상황을 분석하려는 시도가 멈춘다. 생각이 오히려 문제를 키워 우리를 더 불행하게 만든다는 사실을 깨달을 때, 생각을 계속하고 싶은 강박에서 해방된다. 비로소 생각을 쉴 수 있다.

마침내 있는 그대로 바라보기

우리는 생각을 인식하는 과정에서 매 순간 자신도 모르게 충동적, 습관적으로 이야기를 만들어 되풀이해왔고 그 이야기를 절대적인 현실과 혼동했다는 것을 알게 된다. 있는 그대로의 현실로 개인적인 의미를 만들어내는 성향을 일단 확인하면 우리는 그 이야기가 자신이 만들어낸 허구라는 것을 인지할 수 있다. 그렇게 꿰뚫어 보는 순간 이야기의 실타래가 풀리고 의미를 잃는다. 자신이 만든 이야기를 진실과 혼동하는 것도 멈춘다. 그러면 머릿속에서 상영되는 영화는 그저 우리 머릿속에서 상영되는 영화에 불과할 뿐이다. 우리는 아무것도 더해지지 않은, 지금 일어나고 있는 일 그 자체인 단순한 현실로 돌아갈 수 있다. 자신이 현실을 어떤 식으로 다루고 이야기를 만들어내는지 인지하면 아마도 처음으로 있는 그대로의 삶을 시작할 자유가 생긴다. 그리고 현실을 바꾸고 다시 써서 개인적인 무언가로 바꾸기 전에 있는 그대로의 현실과 관계를 맺을 수 있다. 우리 스스로가 가로막지 않은 지금 이 순간을 직접 경험한다. 이것은 현실에 발을 들여놓는 가장 강력한 초대장이다.

고유한 행복을 기억하며

이 생각에서 저 생각으로, 이 문제에서 저 문제로 주의가 왔다 갔다 할 때 우리는 불만족스러운 상태에 놓여 있으며 이 순간을 다르거나 더 좋게 만들어줄 무언가가 필요하다. 지금쯤 알겠지만 생각은 유난히 문제에 집중하는 경향이 있다. 머릿속의 목소리는 우리에게 무엇이 부족한지, 꼭 필요하고 고쳐야 하는 게 무엇인지 알려준다. 하지만 생각에서 한 발짝 물러날 때, 내가 머릿속의 목소리 자체가 아니라 그것을 듣는 의식일 때, 우리는 새로운 현실로 들어간다. 생각이 상기시키는 문제의 내용은 변하지 않고 사라지지 않았을지도 모르지만, 우리가 문제를 응시하는 시점이 바뀌었다. 우리는 더 이상 문제의 내부에 있거나 문제와 합쳐져 있지 않다. 문제는 분명 여기에 있지만, 우리는 그것으로부터 떨어져 있다. 따라서 확실한 행복의 장소에 접근할 수 있다. 삶에서 일어나는 상황에 크게 의존하지 않고 만족감을 느낀다. 생각 아래로 내려가면 우리는 삶이 원하는 대로 흘러가지 않아도 근본적으로 좋고 부족함이 전혀 없는 존재 상태를 발견한다. 마음의 이해를 초월하는 평화를 발견한다.

현재에 도착하기

우리는 생각에 빠져 있을 때 지금 여기에 있지 않다. 내가 없는 채로 삶이 진행된다. 생각은 우리의 관심을 빼앗아 과거나 미래로 보낸다. 스스로 만들어낸 현실에 관한 이야기로 우리를 보내기도 한다. 그 과정에서 우리는 바로 눈앞에 있는 것을 놓친다. 이 책의 첫머리에서 말했듯이 내가 그 아름다운 날을 놓쳤던 것처럼 말이다.

끊임없는 생각이 현재에 머무르지 못하게 만들어 결국 행복과 평화를 막는다는 사실을 깨달으면 순진하게 생각의 토끼굴로 들어가는 것을 멈출 수 있다. 생각이 본질적으로 유용하고 긍정적이라는 믿음에서 벗어난다. 24시간 내내 생각 때문에 산만해지지 않으면 우리는 현재를 더 많이 느끼고 경험하기 시작한다. 우리 앞과 우리 안에서 일어나는 일에 집중할 수 있다. 감각이 살아나는 것을 느끼고 자신을 생생하게 경험한다. 우리는 아무것도 매이지 않고 둥둥 떠다니는 존재가 아니라 온전하고 중심이 잘 잡혀 있는 존재가 된다. 주변 환경이 눈에 들어오기 시작하고 예전 같으면 놓쳤을 기쁨과 즐거움, 감정을 인식하게 된다. 자신의 존재를 인식하게 된다. 마침내 자신이 존재하는 지금 여기, 실제 삶에 자리하게 된다. 그림이 액자와 동기화되는 것처럼 우리도 삶의 액자와 동기화된다.

계속 생각 상태에 머무르지 않고 생각이 끊임없이 우리의 관심을 가로채지 않으면 지금 이 순간이 회색에서 컬러로, 무형에서 유형으로 바뀐다. 현재는 우리 앞에 살아 있고 실제로 펼쳐지는 무언가가 된다. 나라는 존재는 더 이상 머릿속에서 사라지지 않고 삶 안에 단단하게 자리 잡는다. 한마디로 삶을 직접 체험한다. 생각과의 관계가 바뀔 때 진짜 삶을 살게 된다.

나는 누구인가?

자신이 누구인지, 자아가 근본적으로 무엇으로 만들어졌는지 생각할 때, 우리는 일반적으로 자신이 인생에서 수행하는 역할, 직업, 타인의 눈에 보이는 모습을 떠올린다. 또한 우리는 자신을 생각과 의견, 동의하는 것과 동의하지 않는 것, 믿거나 옹호하는 것들의 종합체라고 생각한다. 동시에 자신의 본질이 기억, 기쁨, 상처, 의도, 직관, 그리고 자신이 겪어 온 모든 경험으로 이루어져 있다고 믿는다. 하지만 자세히 들여다보면 이 모든 구성 요소들은 우리가 누구인지를 다 보여 주기에는 부족하다. 이 요소들은 우리에 관한 것이므로 우리를 묘사하는 데 유용하지만, 궁극적으로는 우리가 누구인지에 대한 핵심을 포착하지 못한다. 이런 서술어와 서사는 우리에 대해 이야기하지만 생각이나 믿음, 경험, 신체, 친구, 직업 등 다른 모든 것들이 변했어도 태어난 때부터 지금까지 변하지 않은 우리의 본질을 담아낼 수는 없다.

우리 모두의 안에는 절대로 변하지 않는 한결같고 침착하고 우리 안팎에서 일어나는 모든 것을 인식하는 존재가 있다. 의식, 존재, 자각 등 뭐라고 불러도 된다. 항상 여기 있는 그 존재가 바로 나다. 생각의 앞에 혹은 아래에 존재하는 이 자아는 우리의 근본적인 자아다.

생각의 고리에서 벗어나면 자신이 아무런 부족함 없는 온전한 존재일 수 있는 장소로 되돌아간다. 그곳에서는 모든 것이 다 좋다. (당신이 어떻게 상상하느냐에 따라) 생각의 앞 또는 아래, 저 너머에는 심오한 행복의 상태가 존재한다. 우리의 세속적인 상황은 여전히 존재하지만, 근본적인 평정을 깨는 힘은 사라졌다. 마음의 혼돈 뒤에 찾아오는 고요함, 생각의 소음 아래의 침묵 속에 빠져들 때 우리는 평화를 발견한다.

과정의 시작

당신과 생각의 관계는 가장 강력한 질서인 가족과 사회의 환경에 의해 평생에 걸쳐 권장되고 만들어졌다. 지나친 생각은 오늘 시작된 것도 아니고, 오늘 끝나지도 않을 것이다.

이 책에서 설명하는 알아차림과 해방은 목적지가 아닌 계속 진행 중인 과정이다. 어느 정도는 절대로 완성되지 않는 과정이라고 할 수 있다. 이 책의 첫머리에서 내 마음의 렌즈가 갑자기 방향을 바꿔 집착적인 생각과 그것에 개입하는 내 모습이 보인 순간에 관해 이야기했다. 그 순간 나는 결국 모든 고통을 내가 스스로에게 짊어지웠다는 사실을 깨달았다. 하지만 사실 그것은 단 한 순간이 아니었다. 순간적으로 명료해져서 갑작스러운 깨달음처럼 느껴졌지만 사실 전혀 갑작스러운 것이 아니었다. 솔직히 나는 그 깨달음이 일어나기 전까지 수년 동안 알아차림을 연습했다.

내가 설명하는 새로운 인식은 보통 한순간에 일어나지 않고 작은 각성으로 여러 번 언뜻 나타난다. 깨어났다가 다시 잠들어 똑같은 꿈으로 되돌아가듯 다시 생각으로 돌아간다. 그리고 몇 번이고 다시 깬다. 그렇게 조금씩 조금씩 자신이 깨어 있음을 알게 되고 생각을 인지할 때가 그렇지 못할 때보다 많아진다. 생각에 빠지지 않고 현재에 머무는 것을 자주 느낀다. 생각 사이의 공간이 더 규칙적으로 나타나기 시작하고 생각과 공존하기가 훨씬 쉬워진다. 서서히 균형이 바뀌어 과도한 생각이 삶의 기본 모드가 아니게 된다. 우리는 생각을 가끔 방문하기보다는 증인석에 자리를 잡는다. 연습을 통해 공간이 널찍한 평화로운 존재 상태가 우리의 정상적인 휴식 상태가 된다.

　내가 말하는 이 내면의 평화는 삶의 상황이나 생각의 내용에 의존하지 않는, 우리 안에 자리하는 깊은 행복이다. 이 행복은 언제나 여기에 있고, 언제나 누릴 수 있다. 구름에 가려져 있어도 태양이 항상 저기에 있다는 것을 알듯이, 이 근본적인 행복도 항상 당신과 함께한다. 생각에서 벗어나 의식으로, 당신의 진짜 본성인 내면의 존재로 들어가는 순간, 당신은 집으로, 평온 속으로 돌아간다. 모든 생각 아래에는 절대로 흔들리지 않고 근본적으로 좋은 내가 존재한다. 집으로 돌아가는 길을 찾아 모든 이해를 뛰어넘는 평화와 조우하기를 바란다.

감사의 말

이 책이 세상에 나올 수 있도록 도와주신 모든 이에게 이루 말로 할 수 없는 커다란 고마움을 느낀다. 감사할 이들이 너무 많다. 지금껏 내 영혼과 가슴과 마음을 보듬어준 이들이 이 책의 씨앗에 물을 준 거나 다름없다. 그래서 여기에서는 이 책에 직접 참여해 도움을 준 이들만 언급하기로 한다.

편집자 엘리자베스 홀리스 핸슨Elizabeth Hollis Hansen과 제니퍼 홀더Jennifer Holder에게 진심으로 감사드린다. 여러분의 배려와 경청, 노력이 이 책을 누군가에게 정말로 도움이 될 수 있는 책으로 만들어주었어요. 생각에 대해 함께 생각했던 시간이 참 즐거웠어요.

추천사를 써준 스테판 보디언에게도 감사를 전한다. 당신의 지혜와 친절이 제 시야를 넓히고 직접적인 경험을 확인하는 데 큰 도움이 되었습니다.

베젤라 시믹Vesela Simik, 원고를 봐주어서 고마워요. 당신의 조언은 내가 좀 더 발전할 수 있게 도와줍니다.

친자매와 다름없는 나의 친구들, 쇼나 스토리Shauna Storey, 브론웬 데이비스Bronwen Davis, 멀리사 맥쿨Melissa McCool, 캐런 그린버그Karen Greenberg, 너희들은 저마다 다르게 내 삶을 빛내주고 중요한 의미를 주지.

잰 브론슨Jan Bronson, 항상 내 편이 되어주고 내 아이디어가 꽃을 피울 수 있도록 격려해줘서 고맙습니다.

프레더릭, 우리의 멋진 인생과 멋진 가족을 나와 함께 이끄는 파일럿. 같은 작가로서 모든 걸 다 이해해주고 든든하고 유머러스한 지원군이 되어주어 고마워.

나의 가장 큰 기쁨이자 나의 심장인 두 딸 줄리엣과 그레천, 엄마는 매일 어떻게 이렇게 운이 좋은지 감탄한다. 너희들의 엄마가 된 것이 얼마나 감사한지 절대 말로 다 표현할 수 없을 거야.

주

1 American Psychiatric Association, Diagnostic and Statistical Manual of Mental Disorders Fifth Edition (Washington, DC: American Psychiatric Publishing, 2013).

2 Mark Epstein, Thoughts Without a Thinker (New York: Basic Books, 2013).

3 Eckhart Tolle, "Breaking Addiction to Negative Thinking," February 18, 2018, accessed September 2019, https://www.youtube.com/watch?v=j91ST2gtR44.

4 Neringa Antanaityte, "Mind Matters: How to Effortlessly Have More Positive Thoughts," tLEX Institute, accessed May 2020, https://tlexinstitute.com/how-to-effortlessly-

have-more -positive-thoughts.

5   Deepak Chopra, "Why Meditate?" March 5, 2017, accessed December 15, 2019, https://www.deepakchopra.com/articles/why-meditate.

6   Maria Millet, "Challenge Your Negative Thoughts," Michigan State University MSU Extension, March 31, 2017, https://www.canr.msu .edu/news/challenge_your_negative_thoughts.

7   Rick Hanson, Hardwiring Happiness: The New Brain Science of Contentment, Calm, and Confidence (New York: Harmony Books, 2016), 42–43.

8   Kyle Benson, "The Magic Relationship Ratio, According to Science," The Gottman Institute, October 4, 2017, https://www.gottman.com/blog/the-magic-relationship-ratio-according-science.

9   Hanson, Hardwiring Happiness, 42–43

10   Tolle, "Breaking Addiction to Negative Thinking," https://www.youtube.com/watch?v=j91ST2gtR44.

11   From the teachings of Mooji.www.mooji.com.

12   Emily Carlson, "Bacterial 'Glue' Is One of Nature's Stickiest Substances," LiveScience, February 8, 20102, accessed April 26, 2020, https://www.livescience.com/18381-bacterial-glue-stickiest- substance-nsf-ria.html.

13   Sally M. Winston and Martin N. Self, Overcoming Unwanted Intrusive Thoughts (Oakland, CA: New Harbinger

Publications, 2017).

14   Steve Bradt, "Wandering Mind Not a Happy Mind," Harvard Gazette, Harvard University, November 11, 2010, accessed December 11, 2019, https://news.harvard.edu/gazette/story/2010/11/wandering-mind-not-a-happy-mind.

15   Adyashanti. The Most Important Thing (Louisville, CO: Sounds True, 2019), 142.

16   Timothy Gallwey, The Inner Game of Tennis (New York: Random House, 1997), 7–8.

17   From the teachings of Mooji.www.mooji.com.